Sommaire

Introduction 5

PREMIÈRE PARTIE

Mémoires d'outre-tombe (1848)

Texte 1, *Je viens au monde*	12
Texte 2, *Portraits de famille*	17
Texte 3, *Saint-Malo*	23
Texte 4, *Gesril*	28
Texte 5, *Aventure de la pie*	34
Texte 6, *La grive de Montboissier*	40
Texte 7, *Vie à Combourg*	44
Texte 8, *Lucile*	55
Texte 9, *Fantôme d'amour*	60
Texte 10, *Tentation*	65
Texte 11, *Madame Rose*	71
Texte 12, *À la cour*	76
Texte 13, *Traversée de l'océan*	84
Texte 14, *Chez les Indiens*	91
Texte 15, *Les Floridiennes*	97
Texte 16, *Une vie de soldat*	105
Texte 17, *Détresse*	109
Texte 18, *Charlotte*	113
Texte 19, *Défaut de mon caractère*	116
Questions de synthèse, Sur les *Mémoires d'outre-tombe*	121

DEUXIÈME PARTIE

Groupement de textes : L'autobiographie

Jean-Baptiste Chardin, *Série d'autoportraits*	124
Jean-Jacques Rousseau, *Le peigne cassé*	126
Gustave Flaubert, *Une charmante pelisse rouge*	131
Antoine Sylvère, *Berceau de famille*	136
Georges Perec, *Je n'ai pas de souvenirs d'enfance*	141
Nathalie Sarraute, *Et à ce moment-là, c'est venu...*	145
Jean Rouaud, *Question mathématique*	148
Patrick Chamoiseau, *Aller seul*	153
Questions de synthèse, Sur l'autobiographie	158
INDEX DES RUBRIQUES	159

INTRODUCTION

Chateaubriand, enchanteur d'un siècle (1768-1848)

Fils de l'orage et des embruns

François-René de Chateaubriand est né le 4 août 1768, un jour de violente tempête. Dernier enfant d'une vieille famille de la noblesse bretonne, il est élevé comme les fils de sa condition, à la fois livré à lui-même et soumis à des interdits étouffants. Il cherche dans la nature une consolation à ses tristesses d'enfants : plus que ses maîtres de collège à Dol, Rennes et Dinan où il fait ses études, les paysages de sa jeunesse jouent un rôle déterminant dans la formation de sa personnalité. Les plages de Saint-Malo et surtout les bois et les landes du château de Combourg où la famille réside de 1777 à 1786 lui donnent le goût de la solitude et favorisent ses rêveries exaltées, révélant un tempérament mélancolique et passionné qui fera de lui le premier écrivain romantique.

Du Nouveau Monde à un monde nouveau

À dix-huit ans, le jeune homme timide et rêveur doit prendre sa place dans la société. Son père ayant choisi pour lui la carrière des armes, il se retrouve jeune officier dans la capitale, à une époque de profonds bouleversements : à peine a-t-il le temps d'apercevoir une Cour insouciante qu'il assiste quelques mois plus tard à la prise de la Bastille. En 1791, quittant la vieille France qui s'effondre, il part pour le Nouveau Monde. Il partage en Amérique la vie des Indiens et des coureurs des bois et découvre des paysages grandioses et exubérants qui l'émerveillent. Il commence un roman : un écrivain est en train de naître.

Le retour en France le ramène à la dure réalité. Il se soumet aux traditions imposées par son milieu, faisant un mariage d'argent et mettant son épée au service du roi. La déroute de l'armée monarchiste l'oblige à s'embarquer pour l'Angleterre où il connaît de nouvelles épreuves : la maladie, l'exil, la misère, la mort de ses proches emportés par les orages de la Révolution. Ce fracas d'un monde qui s'écroule lui inspire l'*Essai sur les Révolutions*. Quand il regagne la France sept ans plus tard, en 1800, il a le sentiment de débarquer sur une terre et dans une ère nouvelles.

Un aventurier de l'écriture

Rentré clandestinement dans son pays, le jeune écrivain de trente-deux ans fait bientôt connaître son nom de façon éclatante. *Atala*, le récit inspiré par les forêts et les déserts du Nouveau Monde, lui apporte la gloire. Dès 1801, le public, charmé par la peinture d'horizons lointains, se laisse bercer par la cadence et les sonorités d'une prose poétique qui vaut à Chateaubriand d'être surnommé « l'enchanteur ». L'année suivante, *René*, dont le héros est un être déchiré par le mal de vivre, connaît un succès qui ira grandissant au fil du siècle. Pour Chateaubriand, c'est aussi l'heure de la reconnaissance officielle. Le *Génie du christianisme*, écrit en hommage à la piété de la mère morte et à la foi de son enfance, lui vaut la faveur de Bonaparte : le Premier Consul fait de lui son ambassadeur à Rome.

L'inspiration de l'écrivain se nourrit alors de nouveaux lieux et de nouveaux visages. Le séjour en Italie lui est occasion de méditer sur les ruines d'un passé glorieux et sur la fuite du temps, songeries mélancoliques rendues plus poignantes encore par la mort de son amie Pauline de Beaumont, rencontrée en 1801, qui s'éteint doucement de phtisie à ses côtés. De 1806 à 1807, un voyage en Orient lui permet d'aller « chercher des images » pour en nourrir un roman sur les premiers chrétiens, *Les Martyrs*. Venise, Jérusalem, la Grèce, l'Égypte et l'Espagne, tant de lieux chargés d'histoire, donneront plus tard les pages bigarrées de l'*Itinéraire de Paris à Jérusalem*. C'est aussi une période de vagabondages amoureux : s'il s'est résolu depuis 1804 seulement à la vie conjugale, d'autres charmantes inspiratrices croisent son chemin : Delphine de Custine, « héritière des longs cheveux de Marguerite de Navarre », ou Nathalie de Noailles, qu'il va rejoindre aux jardins de Grenade.

Chateaubriand touche à d'autres formes d'écriture : quelques articles écrits au fil de son voyage inaugurent sa carrière de journaliste. La rupture avec Bonaparte devenu empereur, lui permet de mettre en avant ses dons de polémiste : un virulent pamphlet contre l'Empire, *De Buonaparte et des Bourbons*, lui vaut d'être éloigné de Paris. Replié dans sa propriété de La Vallée-aux-Loups, à Aulnay, où il joue les jardiniers et les architectes, il réunit autour de lui hommes et femmes de lettres et se donne ainsi la consolation d'opposer au pouvoir autoritaire le contre-pouvoir de l'esprit.

Les déceptions de l'homme politique

En 1812, son œuvre littéraire lui paraît achevée. À la chute de Napoléon, il s'engage, plein d'espoir et d'ambition, dans une carrière politique mouvementée qui lui apportera plus de déceptions que d'enthousiasmes. Ministre de l'Intérieur de Louis XVIII, il est révoqué en 1816 pour avoir ouvertement blâmé le régime. Cette disgrâce l'oblige à vendre La Vallée-aux-Loups : c'est un déchirement que seul, l'amour de Juliette Récamier, femme aimée entre toutes, pourra consoler. Rentré en grâce, il devient ambassadeur à Berlin (1821) puis à Londres (1822) et ministre des Affaires étrangères mais, dès 1824, il est à nouveau chassé « comme un laquais » pour ses critiques à l'égard du gouvernement. Brièvement ambassadeur sous Charles X, il met fin à sa carrière politique au lendemain des journées révolutionnaires de 1830, qu'il célèbre comme « trois soleils qui viennent de briller sur la France ». Conservant une fidélité chevaleresque à la monarchie mais convaincu de l'avènement inéluctable de la République, ce « bourboniste par honneur, monarchiste par raison et républicain par nature », comme il s'est lui-même défini, met un terme à sa vie d'homme engagé dans l'Histoire.

Des « heures immémorées » aux heures dernières

Installé à Paris, dans un appartement de la rue du Bac, il se consacre à ses *Mémoires d'outre-tombe* commencés en 1811, sans cesse repris et abandonnés et qui ne doivent être publiés qu'après sa mort. « Établi au milieu de [ses] souvenirs comme dans une grande bibliothèque », il achève cet immense projet en 1841. Ces retrouvailles avec son passé rendent plus douloureux encore le renoncement aux passions de la jeunesse, le désespoir devant la dissolution de toute chose, l'évidence de la mort prochaine qui le hantent. Son dernier ouvrage, *La Vie de Rancé*, lui permet au travers de la biographie d'un mondain du XVIIe devenu trappiste, d'émouvantes méditations sur une vie qui s'achève. La tendre présence de Juliette Récamier, qui réunit chaque jour autour de lui un cercle d'amis chers et fidèles, adoucit cependant l'amertume de ces dernières années.

Le 4 juillet 1848, au lendemain de la Révolution de juin, le vieil homme de quatre-vingts ans s'éteint en même temps que le dernier régime monarchique. Chateaubriand retrouve alors sa Bretagne natale : il est enterré à Saint-Malo, où des obsèques grandioses accompagnent sa dépouille jusqu'à l'îlot du Grand-Bé : c'est là, sur ce rocher nu, tout près des grèves de son enfance, que l'Enchanteur a choisi de trouver l'apaisement, dans les grandes voix de la mer et des vents qui jamais ne s'apaisent.

Mémoires d'outre-tombe (1811-1841)

Temps et lieux de l'écriture

Dès 1803, alors que les vestiges somptueux de la Rome antique lui montrent la fragilité des hommes et des civilisations, Chateaubriand forme le projet d'écrire ses Mémoires. Mais ce n'est qu'en 1809 qu'il va ébaucher les premières lignes de son œuvre autobiographique et il datera en définitive le début de son entreprise du 4 octobre 1811. Souvent interrompue par les interférences de la vie privée et les obligations de l'homme public, l'écriture se poursuit par soubresauts, reflets d'une vie agitée. C'est dans l'intimité de son appartement parisien et à partir de 1834 qu'il consacre l'essentiel de son temps à la rédaction de ses souvenirs.

Quoi qu'il en soit, ces étapes de l'écriture, signalées au fil des chapitres, ont une importance capitale : elles permettent à l'auteur de rendre perceptible l'écoulement du temps et la densité d'une vie, en rapprochant sans cesse l'époque où les événements se sont déroulés et le moment où l'écrivain les raconte.

Le projet autobiographique

D'abord intitulée *Mémoires de ma vie*, l'œuvre se présente comme une analyse de soi, la mise en lumière du véritable Chateaubriand, bien différent de l'homme public malmené par ses adversaires : « J'écris principalement pour rendre compte de moi-même à moi-même... Je veux, avant de mourir, expliquer mon inexplicable cœur... ». Mais il ne s'agit pas de se lancer dans une confession intime, à l'image de celle de Rousseau (voir p. 126) : « Je n'entretiendrai pas [...] la postérité du détail de mes faiblesses ; je ne dirai de moi que ce qui est convenable à ma dignité d'homme [...]. Il ne faut présenter au monde que ce qui est beau. » Ainsi, par pudeur, souci de dignité ou de prestige, Chateaubriand se donne toute liberté d'omettre ou d'enjoliver des épisodes de sa vie ; il ne manque cependant pas en maintes occasions de porter un regard ironique sur ses actions et de juger avec sévérité ses faiblesses.

Le témoignage historique

L'autre but des *Mémoires* est de présenter le destin d'un homme étroitement lié à l'histoire de son temps et d'autant plus exemplaire qu'il a vécu à une époque charnière et qu'il peut témoigner de deux mondes opposés sur lesquels il porte un regard tout aussi passionné.

Construite en quatre grandes parties divisées en quarante-quatre livres au total, l'œuvre associe donc les grandes étapes de la vie de l'auteur et les événements historiques. Chateaubriand distingue dans sa vie trois grands moments : sa jeunesse et sa carrière de soldat et de voyageur ; sa carrière littéraire ; sa carrière politique. Parallèlement, il présente trois grandes périodes historiques : les années révolutionnaires, le triomphe de Bonaparte et l'Empire, la Restauration. La dernière partie fait la synthèse des trois autres et rappelle les souvenirs de l'enfance.

Un défi au temps

Mais la raison d'être des *Mémoires*, c'est justement la mémoire : « Sans la mémoire que serions-nous ? […] Ô misère de nous ! notre vie est si vaine qu'elle n'est qu'un reflet de notre mémoire. » L'ambition de l'ouvrage est avant tout de ressusciter les heures perdues et de retenir celles qui s'écoulent, de fixer sa vie dans l'œuvre écrite pour la projeter dans l'avenir.

Le titre définitif des *Mémoires d'outre-tombe* témoigne de la hantise de la mort et du désir de la dépasser : Chateaubriand conçoit son œuvre comme un message posthume, adressé par-delà la mort aux générations à venir. L'œuvre s'ouvre sur la constatation mélancolique que les jours s'enfuient *« Sicut nubes… quasi naves… velut umbra »* (Comme un nuage… ainsi que les navires… à la façon d'une ombre), comme le précise la formule biblique placée en exergue de l'œuvre. Contre le flux dévastateur du temps qui emporte les hommes et anéantit les sociétés, contre les oublis et les confusions de la mémoire individuelle, il faut donc dresser le monument de l'écriture, « temple de la mort élevé à la clarté des souvenirs ». Ainsi, par son œuvre tournée vers le futur, l'écrivain peut transcender la mort et accéder à l'immortalité ; les dernières phrases des *Mémoires* sont porteuses de cet espoir : « En traçant ces derniers mots, ce 16 novembre 1841, ma fenêtre qui donne à l'ouest sur les jardins des Missions étrangères, est ouverte : il est six heures du matin ; j'aperçois la lune pâle et élargie ; elle s'abaisse sur la flèche des Invalides à peine révélée par le premier rayon de soleil de l'Orient : on dirait que l'ancien monde finit et que le nouveau commence. Je vois les reflets d'une aurore dont je ne verrai pas se lever le soleil. Il ne me reste qu'à m'asseoir au bord de ma fosse ; après quoi, je descendrai hardiment, le crucifix à la main, dans l'éternité. »

PREMIÈRE PARTIE

Mémoires d'outre-tombe

François-René de Chateaubriand

TEXTE 1

Je viens au monde

La Vallée-aux-Loups, le 31 décembre 1811.

Ma mère accoucha à Saint-Malo d'un premier garçon qui mourut au berceau, et qui fut nommé Geoffroy, comme presque tous les aînés de ma famille. Ce fils fut suivi d'un autre et de deux filles qui ne vécurent que quelques mois.
  Ces quatre enfants périrent d'un épanchement de sang au cerveau. Enfin, ma mère mit au monde un troisième garçon qu'on appela Jean-Baptiste : c'est lui qui, dans la suite, devint le petit-gendre de M. de Malesherbes[1]. Après Jean-Baptiste naquirent quatre filles : Marie-Anne, Bénigne, Julie et Lucile, toutes quatre d'une rare beauté, et dont les deux aînées ont seules survécu aux orages de la Révolution. La beauté, frivolité sérieuse, reste quand toutes les autres sont passées. Je fus le dernier de ces dix enfants. Il est probable que mes quatre sœurs durent leur existence au désir de mon père d'avoir son nom assuré par l'arrivée d'un second garçon ; je résistais, j'avais aversion pour la vie.
  Voici mon extrait de baptême :
  « Extrait des registres de l'état civil de la commune de Saint-Malo pour l'année 1768.
  « François-René de Chateaubriand, fils de René de Chateaubriand et de Pauline-Jeanne-Suzanne de Bedée, son épouse, né le 4 septembre 1768, baptisé le jour suivant par nous, Pierre-Henry Nouail, grand-vicaire de l'évêque de Saint-Malo. A été parrain Jean-Baptiste de Chateaubriand, son frère, et marraine Françoise-Gertrude de Contades, qui signent et le père. Ainsi signé au registre : Contades de Plouër, Jean-Baptiste de Chateaubriand, Brignon de Chateaubriand, de Chateaubriand et Nouail, vicaire-général. »

---

1. Membre du Conseil du roi Louis XVI.

Chambre dans laquelle est né Chateaubriand.

On voit que je m'étais trompé dans mes ouvrages : je me fais naître le 4 octobre et non le 4 septembre ; mes prénoms sont : François-René, et non pas François-*Auguste*².

La maison qu'habitaient alors mes parents est située dans une rue sombre et étroite de Saint-Malo, appelée la rue des Juifs : cette maison est aujourd'hui transformée en auberge. La chambre où ma mère accoucha domine une partie déserte des murs de la ville, et à travers les fenêtres de cette chambre on aperçoit une mer qui s'étend à perte de vue, en se brisant sur des écueils. J'eus pour parrain, comme on le voit dans mon extrait de baptême, mon frère, et pour marraine la comtesse de Plouër, fille du maréchal de Contades. J'étais presque mort quand je vins au jour. Le mugissement des vagues, soulevées par une bourrasque annonçant l'équinoxe d'automne, empêchait d'entendre mes cris : on m'a souvent conté ces détails ; leur tristesse

---

2. Vingt jours avant moi, le 15 août 1768, naissait dans une autre île, à l'autre extrémité de la France, l'homme qui a mis fin à l'ancienne société, Bonaparte (Note de Chateaubriand).

ne s'est jamais effacée de ma mémoire. Il n'y a pas de jour où, rêvant à ce que j'ai été, je ne revoie en pensée le rocher sur lequel je suis né, la chambre où ma mère m'infligea la vie, la tempête dont le bruit berça mon premier sommeil, le frère infortuné qui me donna un nom que j'ai presque toujours traîné dans le malheur. Le Ciel sembla réunir ces diverses circonstances pour placer dans mon berceau une image de mes destinées.

Extrait du livre premier, chapitre 2.

Étudier un genre : l'autobiographie

Le pacte autobiographique

Une *autobiographie* a été définie par Philippe Lejeune (*Le Pacte autobiographique*) comme « un récit rétrospectif en prose qu'une personne fait de sa propre existence. » Le lecteur doit avoir la garantie formelle qu'il y a identité entre l'auteur, le narrateur et le personnage et que le récit est authentique. Cet engagement de l'auteur à l'égard de son lecteur constitue ce qu'on appelle le pacte autobiographique.

1. Relevez les indications qui permettent d'identifier ce texte comme une autobiographie.

2. Quel passage en particulier scelle le pacte autobiographique ? Justifiez votre réponse.

La situation d'énonciation

Analyser la *situation d'énonciation*, c'est se demander qui énonce le message, quel en est le destinataire, où et quand il est énoncé.
Dans une autobiographie, le narrateur devenu adulte rapporte ses souvenirs à la première personne. Le pronom personnel « je » désigne tantôt le narrateur adulte (c'est le « je » de l'énonciation, c'est-à-dire du moment de l'écriture), tantôt le personnage (adulte ou enfant) évoqué dans le souvenir.

3. Dans quelles phrases le pronom « je » représente-t-il le personnage enfant ? Dans quelles phrases se réfère-t-il au narrateur adulte ? Citez quelques exemples.

4. Précisez la date et le lieu de l'écriture, ainsi que la date et le lieu des événements.

5. Relevez les phrases qui renvoient au moment de l'énonciation. Quel temps permet de les distinguer du récit ? Quelle est la valeur de ce temps ?

Les événements
6. Quel événement principal marque le début de cette autobiographie ?
7. Relevez les noms des différents membres de la famille et indiquez leur lien de parenté avec le narrateur.
8. Relevez les verbes ou les locutions verbales des lignes 1 à 11 : à quels champs lexicaux opposés appartiennent-ils pour la plupart ? Quel est l'effet produit par ce rapprochement ? Relevez dans le dernier paragraphe une phrase où apparaît la même opposition.
9. Quels sont les éléments visuels et sonores mis en valeur dans le dernier paragraphe ? Quel est l'effet produit ?
10. Diriez-vous que le narrateur a une vision optimiste ou pessimiste de l'existence ? Appuyez-vous sur vos réponses précédentes.

Les enjeux
> Définir les *enjeux* d'une autobiographie, c'est se demander ce qui a pu motiver un écrivain à écrire sa propre vie. Ce peut être pour s'analyser, se justifier, ressusciter les moments du passé, défier le temps…

11. Quelle dimension symbolique le narrateur attribue-t-il aux circonstances de sa naissance ? Comment comprenez-vous en particulier la dernière phrase du texte ?
12. Chateaubriand rattache son histoire personnelle à l'Histoire : retrouvez deux remarques qui le montrent.
13. À la lecture de cet extrait, dites quels peuvent être les enjeux des *Mémoires d'outre-tombe*.

Enquêter

14. Recherchez l'étymologie du mot autobiographie.
15. Faites l'arbre généalogique de votre famille en remontant le plus loin possible et en privilégiant la branche de votre choix.

S'exprimer

16. Écrivez le début de votre autobiographie. Votre texte aura pour titre : « Je viens au monde ».

Comparer

17. Lisez l'extrait de la biographie suivante : « *René de Chateaubriand et Apolline de Bedée eurent ensemble dix enfants. Quatre d'entre eux moururent en bas âge ; six survécurent, un fils, Jean-Baptiste, héritier du titre et du château ; quatre filles : Marie-Anne, Bénigne, Julie et Lucile ; et enfin le cadet, François-René, venu au monde à demi-mort le 5 septembre 1768, jour où les mugissements d'une tempête emplissaient les vieilles maisons des remparts.* »

A. Maurois, *René ou la Vie de Chateaubriand*, Éd. Grasset, Paris, 1985.

Quelles différences y a-t-il entre une biographie et une autobiographie ? Justifiez votre réponse.

Hôtel de France à Saint-Malo, côté de la mer. Maison où est né Chateaubriand.

TEXTE 2

Portraits de famille

Au fil des premiers chapitres de l'œuvre, Chateaubriand esquisse le portrait de ses parents et quelques autres figures qui ont marqué son enfance.

La Vallée-aux-Loups, près d'Aulnay, ce 4 octobre 1811.

M. de Chateaubriand était grand et sec ; il avait le nez aquilin, les lèvres minces et pâles, les yeux enfoncés, petits et pers ou glauques, comme ceux des lions ou des anciens barbares. Je n'ai jamais vu un pareil regard : quand la colère y montait, la prunelle étincelante semblait se détacher et venir vous frapper comme une balle.

Une seule passion dominait mon père, celle de son nom. Son état habituel était une tristesse profonde que l'âge augmenta et un silence dont il ne sortait que par des emportements. Avare dans l'espoir de rendre à sa famille son premier éclat, hautain aux états de Bretagne avec les gentilshommes, dur avec ses vassaux à Combourg, taciturne, despotique et menaçant dans son intérieur, ce qu'on sentait en le voyant était la crainte. S'il eût vécu jusqu'à la Révolution et s'il eût été plus jeune, il aurait joué un rôle important, ou se serait fait massacrer dans son château. Il avait certainement du génie : je ne doute pas qu'à la tête des administrations ou des armées, il n'eût été un homme extraordinaire. […]

Ma mère, douée de beaucoup d'esprit et d'une imagination prodigieuse, avait été formée à la lecture de Fénelon, de Racine, de madame de Sévigné, et nourrie des anecdotes de la cour de Louis XIV ; elle savait tout *Cyrus*[1] par cœur. Apolline de Bedée, avec de grands traits, était noire, petite et laide ; l'élégance de ses manières, l'allure vive

---

[1]. Roman précieux de Mme de Scudéry.

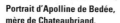

Portrait d'Apolline de Bedée, mère de Chateaubriand.

de son humeur, contrastaient avec la rigidité et le calme de mon père. Aimant la société autant qu'il aimait la solitude, aussi pétulante et animée qu'il était immobile et froid, elle n'avait pas un goût qui ne fût opposé à ceux de son mari. La contrariété qu'elle éprouva la rendit mélancolique, de légère et gaie qu'elle était. Obligée de se taire quand elle eût voulu parler, elle s'en dédommageait par une espèce de tristesse bruyante entrecoupée de soupirs, qui interrompaient seuls la tristesse de mon père. Pour la piété, ma mère était un ange.

Extrait du livre premier, chapitre 1.

La Vallée-aux-Loups, janvier 1812.

40 Quand je fus rapporté à Saint-Malo[2], mon père était à Combourg, mon frère au collège de Saint-Brieuc ; mes quatre sœurs vivaient auprès de ma mère.

Toutes les affections de celle-ci s'étaient concentrées dans son fils aîné ; non qu'elle ne chérît ses autres enfants, mais elle témoignait
45 une préférence aveugle au jeune comte de Combourg. J'avais bien, il est vrai, comme garçon, comme le dernier venu, comme *le chevalier* (ainsi m'appelait-on), quelques privilèges sur mes sœurs ; mais en définitive, j'étais abandonné aux mains des gens. Ma mère d'ailleurs, pleine d'esprit et de vertu, était préoccupée par les soins de la société
50 et les devoirs de la religion. [...] Elle aimait la politique, le bruit, le monde : car on faisait de la politique à Saint-Malo, comme les moines

---

[2]. Chateaubriand avait été mis trois ans en nourrice à Plancouët, près de Dinan.

de Saba dans la ravine de Cédron[3] ; elle
se jeta avec ardeur dans l'affaire La
Chalotais[4]. Elle rapportait chez elle
une humeur grondeuse, une imagination distraite, un esprit de parcimonie[5], qui nous empêchèrent
d'abord de reconnaître ses admirables qualités. Avec de l'ordre,
ses enfants étaient tenus sans
ordre ; avec de la générosité, elle
avait l'apparence de l'avarice ; avec
de la douceur d'âme, elle grondait
toujours : mon père était la terreur
des domestiques, ma mère le fléau.

Portrait de Lucile,
sœur de Chateaubriand.

De ce caractère de mes parents
sont nés les premiers sentiments de
ma vie. Je m'attachai à la femme qui
prit soin de moi, excellente créature appelée *la Villeneuve*, dont j'écris
le nom avec un mouvement de reconnaissance et les larmes aux yeux.
La Villeneuve était une espèce de surintendante de la maison, me
portant dans ses bras, me donnant, à la dérobée, tout ce qu'elle pouvait trouver, essuyant mes pleurs, m'embrassant, me jetant dans un
coin, me reprenant et marmottant toujours : « C'est celui-là, qui ne
sera pas fier ! qui a bon cœur ! qui ne rebute point les pauvres gens !
Tiens, petit garçon ! » et elle me bourrait de vin et de sucre.

Mes sympathies d'enfant pour la Villeneuve furent bientôt dominées par une amitié plus digne.

Lucile, la quatrième de mes sœurs, avait deux ans de plus que moi.
Cadette délaissée, sa parure ne se composait que de la dépouille de
ses sœurs. Qu'on se figure une petite fille maigre, trop grande pour

---

3. Allusion à un religieux préoccupé de politique que Chateaubriand avait rencontré dans une région perdue d'Orient.
4. Personnage populaire qui avait soutenu les Bretons révoltés contre un gouverneur trop dur.
5. Souci excessif d'économie.

son âge, bras dégingandés, air timide, parlant avec difficulté et ne pouvant rien apprendre ; qu'on lui mette une robe empruntée à une autre taille que la sienne ; renfermez sa poitrine dans un corps piqué[6] dont les pointes lui faisaient des plaies aux côtés ; soutenez son cou par un collier de fer garni de velours brun ; retroussez ses cheveux sur le haut de sa tête, rattachez-les avec une toque d'étoffe noire ; et vous verrez la misérable créature qui me frappa en rentrant sous le toit paternel. Personne n'aurait soupçonné dans la chétive Lucile, les talents et la beauté qui devaient un jour briller en elle.

Elle me fut livrée comme un jouet ; je n'abusai point de mon pouvoir ; au lieu de la soumettre à mes volontés, je devins son défenseur. On me conduisait tous les matins avec elle chez les sœurs Couppart, deux vieilles bossues habillées de noir, qui montraient à lire aux enfants. Lucile lisait fort mal ; je lisais encore plus mal. On la grondait ; je griffais les sœurs ; grandes plaintes portées à ma mère. Je commençais à passer pour un vaurien, un révolté, un paresseux, un âne enfin. Ces idées entraient dans la tête de mes parents : mon père disait que tous les chevaliers de Chateaubriand avaient été des fouetteurs[7] de lièvres, des ivrognes et des querelleurs. Ma mère soupirait et grognait en voyant le désordre de ma jaquette. Tout enfant que j'étais, le propos de mon père me révoltait ; quand ma mère couronnait ses remontrances par l'éloge de mon frère qu'elle appelait un Caton[8], un héros, je me sentais disposé à faire tout le mal qu'on semblait attendre de moi.

Extrait du livre premier, chapitre 3.

---

6. Corset à baleines.
7. Coureurs, chasseurs.
8. Nom de deux Romains célèbres l'un par son intransigeance, l'autre par son courage.

Repérer et comprendre

Les formes de discours

1. Distinguer les passages narratifs des passages descriptifs : quelle est la forme de discours dominante ?

2. Quel est le temps le plus employé dans le texte ? Quelles en sont les différentes valeurs ?

Étudier un genre : l'autobiographie

Un thème récurrent : le portrait des proches

> La présentation des parents, des frères, des sœurs, des proches parents est une des constantes du genre autobiographique.

3. Quels différents personnages sont présentés ? Dans quel ordre le sont-ils ?

4. a. Relevez les mots et expressions qui caractérisent le père. Vous préciserez le sens de « taciturne » et de « despotique » (l. 11 et 12).
b. Analysez les comparaisons qui contribuent à le caractériser.
c. Le portrait du père vous paraît-il valorisant ou dépréciatif ? Appuyez-vous sur vos réponses précédentes.

5. Faites l'inventaire des qualités et des défauts de la mère. Identifiez la figure de style utilisée à la fin du portrait (l. 59 à 65). Quelle impression se dégage du portrait ?

6. Les parents forment-ils un couple assorti ? Justifiez votre réponse.

7. Relevez les groupes nominaux qui désignent la Villeneuve et Lucile : en quoi éclairent-ils le lecteur sur les sentiments portés par le narrateur à ces personnages ?

8. Quelle impression se dégage du portrait de la Villeneuve ? Relevez une accumulation dans les lignes 71 à 74 qui souligne cet aspect du personnage.

> L'*accumulation* est une figure de style qui consiste à énoncer une série de termes de même nature grammaticale afin de produire un effet.

9. a. Relevez les mots et expressions qui caractérisent Lucile, ainsi que les vêtements ou accessoires qu'elle porte. **b.** Quels aspects de la petite fille sont mis en évidence dans ce portrait ?

10. Par quel procédé le narrateur associe-t-il le lecteur à la présentation des personnages (l. 81 à 89) ?

La visée

> On appelle *visée* l'effet recherché par l'énonciateur d'un discours sur son destinataire ; ce mot désigne ici ce que le texte cherche à faire ressentir au lecteur (amusement, émotion, crainte, révolte…) ou bien ce qu'il essaie de lui faire accomplir (réflexion, adhésion à une argumentation…).

11. a. Quel regard les autres portent-ils sur l'enfant ? Citez le texte.
b. Que révèle le narrateur de l'enfant qu'il a été ?
12. a. « De ce caractère de mes parents sont nés les premiers sentiments de ma vie » (l. 66 à 68). Explicitez ces sentiments tels que le texte les fait apparaître.
b. Quelle peut être la visée de ce passage ?

S'exprimer

13. Sur le modèle de la phrase : « Qu'on se figure… et vous verrez… » (l. 81 à 89), faites le portrait d'une personne que vous aimez ou au contraire que vous n'appréciez pas.
14. Faites le portrait d'un ou de plusieurs membres de votre proche famille ou d'une personne qui a compté pour vous. Vous vous conformerez aux principaux critères du genre autobiographique.

Enquêter

15. Qui sont Fénelon, Racine, Madame de Sévigné, Madame de Scudéry ? Faites une recherche sur chacun d'eux et préparez un court exposé oral.

TEXTE 3
Saint-Malo

Jusqu'à huit ans, Chateaubriand demeure à Saint-Malo ; c'est sur les plages et les grèves de sa ville natale que se forge peu à peu sa sensibilité.

La Vallée-aux-Loups, janvier 1812.

Enclos de murs de diverses époques qui se divisent en *grands* et *petits*, et sur lesquels on se promène, Saint-Malo est encore défendu par le château dont j'ai parlé, et qu'augmenta de tours, de bastions
5 et de fossés, la duchesse Anne. Vue du dehors, la cité insulaire ressemble à une citadelle de granit.

C'est sur la grève de la pleine mer, entre le château et le Fort Royal, que se rassemblent les enfants ; c'est là que j'ai été élevé, compagnon des flots et des vents. Un des premiers plaisirs que j'aie goûtés était
10 de lutter contre les orages, de me jouer avec les vagues qui se retiraient devant moi, ou couraient après moi sur la rive. Un autre divertissement était de construire, avec l'arène[1] de la plage, des monuments que mes camarades appelaient des *fours*. Depuis cette époque, j'ai souvent cru bâtir pour l'éternité des châteaux plus vite écroulés
15 que mes palais de sable.

Mon sort étant irrévocablement fixé, on me livra à une enfance oisive. Quelques notions de dessin, de langue anglaise, d'hydrographie[2] et de mathématiques, parurent plus que suffisantes à l'éducation d'un garçonnet destiné d'avance à la rude vie d'un marin.

20 Je croissais sans étude dans ma famille ; nous n'habitions plus la maison où j'étais né : ma mère occupait un hôtel, place Saint-Vincent,

---

1. Le sable (sens étymologique).
2. Science qui étudie la géographie des mers et des océans.

presque en face de la porte de la ville qui communique au Sillon[3]. Les polissons de la ville étaient devenus mes plus chers amis : j'en remplissais la cour et les escaliers de la maison. Je leur ressemblais en tout ; je parlais leur langage ; j'avais leur façon et leur allure ; j'étais vêtu comme eux, déboutonné et débraillé comme eux ; mes chemises tombaient en loques ; je n'avais jamais une paire de bas qui ne fût largement trouée ; je traînais de méchants souliers éculés, qui sortaient à chaque pas de mes pieds ; je perdais souvent mon chapeau et quelquefois mon habit. J'avais le visage barbouillé, égratigné, meurtri, les mains noires. Ma figure était si étrange, que ma mère, au milieu de sa colère, ne se pouvait empêcher de rire et de s'écrier : « Qu'il est laid ! »

J'aimais pourtant et j'ai toujours aimé la propreté, même l'élégance. La nuit, j'essayais de raccommoder mes lambeaux : la bonne Villeneuve et ma Lucile m'aidaient à réparer ma toilette, afin de m'épargner des pénitences et des gronderies ; mais leur rapiécetage ne servait qu'à rendre mon accoutrement plus bizarre. J'étais surtout désolé, quand je paraissais déguenillé au milieu des enfants, fiers de leurs habits neufs et de leur braverie[4]. [...]

Certains jours de l'année, les habitants de la ville et de la campagne se rencontraient à des foires appelées *assemblées*, qui se tenaient dans les îles et sur des forts autour de Saint-Malo ; ils s'y rendaient à pied quand la mer était basse, en bateau lorsqu'elle était haute. La multitude de matelots et de paysans ; les charrettes entoilées ; les caravanes de chevaux, d'ânes et de mulets ; le concours[5] des marchands ; les tentes plantées sur le rivage ; les processions de moines et de confréries qui serpentaient avec leurs bannières et leurs croix au milieu de la foule ; les chaloupes allant et venant à la rame ou à la voile ; les vaisseaux entrant au port, ou mouillant en rade ; les salves d'artillerie, le branle des cloches, tout contribuait à répandre dans ces réunions le bruit, le mouvement et la variété.

J'étais le seul témoin de ces fêtes qui n'en partageât pas la joie. J'y paraissais sans argent pour acheter des jouets et des gâteaux. Évitant

---

[3]. Nom de la chaussée qui relie la ville de Saint-Malo, bâtie sur un rocher, à la terre ferme.
[4]. Élégance.
[5]. Affluence, rassemblement.

le mépris qui s'attache à la mauvaise fortune, je m'asseyais loin de la foule, auprès de ces flaques d'eau que la mer entretient et renouvelle dans les concavités des rochers. Là, je m'amusais à voir voler les pingouins[6] et les mouettes, à béer aux lointains bleuâtres, à ramasser des coquillages, à écouter le refrain des vagues parmi les écueils. Le soir au logis, je n'étais guère plus heureux ; j'avais une répugnance pour certains mets : on me forçait d'en manger. J'implorais les yeux de La France[7] qui m'enlevait adroitement mon assiette, quand mon père tournait la tête. Pour le feu, même rigueur : il ne m'était pas permis d'approcher de la cheminée. Il y a loin de ces parents sévères aux gâte-enfants d'aujourd'hui.

Extrait du livre premier, chapitre 4.

Saint-Malo, vue prise de la chaussée de Paramé, 1848.

6. Ce terme désigne les oiseaux de mer en général.
7. Nom du valet de chambre de son père.

Étudier un genre : l'autobiographie

La situation d'énonciation

1. À quels différents moments du passé renvoie le pronom « je » dans les lignes 7 à 11 et dans les lignes 13 à 15 ?

Le temps de l'enfance

2. Quelles sont les occupations de l'enfant ? Le travail scolaire tient-il une grande place dans ses journées ? Citez des expressions qui le montrent (l. 16 à 20).

3. Quelles sont les fréquentations de l'enfant ? Relevez des expressions qui montrent qu'il s'identifie à ses amis.

4. a. Sur quel aspect de lui-même le narrateur insiste-t-il dans les quatrième et cinquième paragraphes ? Appuyez-vous sur le champ lexical dominant.

b. Relevez les mots qui caractérisent l'apparence de l'enfant. Quelle image le narrateur donne-t-il de lui-même ?

c. En quoi cette apparence est-elle en contradiction avec son caractère ? Comment expliquez-vous alors son état ?

5. Quelle est la part de contrainte de cette éducation ? Justifiez votre réponse par des expressions relevées au fil du texte.

6. Quelle image le narrateur donne-t-il de ses parents ? Quelles relations entretiennent-ils avec l'enfant ? Pour répondre, appuyez-vous sur des expressions du texte et analysez l'effet produit par l'emploi du style direct à la ligne 32.

Les lieux de l'enfance

7. a. Relevez dans les deux premiers paragraphes les mots appartenant au champ lexical de l'architecture (l. 2 à 15). Quels groupes nominaux s'opposent à la fin de chacun de ces paragraphes ?

b. Montrez, en citant le texte, que de la ville de Saint-Malo se dégage une impression de permanence. Que peuvent symboliser alors les châteaux de sable (l. 13 à 15) ?

8. a. Quels sont les différents champs lexicaux présents dans les lignes 40 à 51 ? Identifiez la figure de style utilisée. Quel est l'effet produit ?

b. En quoi ces lignes contrastent-elles avec le paragraphe suivant ?

9. Relevez tous les mots qui appartiennent au champ lexical de l'océan.

10. Quel rapport l'enfant entretient-il avec la mer ? Quels penchants favorise-t-elle chez lui ? Que lui apporte-t-elle ?

11. Analyser le rythme des lignes 56 à 58. Quel est l'effet produit ?

L'écriture de soi
12. Faites la part des sources de plaisir et de tristesse de l'enfant. Lesquelles prédominent?
13. Quel regard le narrateur jette-t-il sur son enfance?

Enquêter

14. Expliquez le sens du verbe «béer» (l. 57); quelle est son étymologie? Recherchez d'autres mots de la même racine.

S'exprimer

15. Interrogez des adultes, parents ou grands-parents, sur l'éducation qu'ils ont reçue et comparez-la avec la vôtre. Vous exposerez à l'oral les résultats de cette confrontation en mettant en lumière les différences qu'elle fait apparaître.
16. Avez-vous le sentiment d'être un(e) enfant gâté(e) ou plutôt celui de recevoir une éducation sévère? Pourquoi? Illustrez vos arguments d'exemples précis.
17. Volontairement ou involontairement, vous vous êtes retrouvé exclu d'un groupe: racontez en quelles circonstances, en soulignant les différences de comportement, de sentiment ou de caractère entre les autres et vous.

TEXTE 4

Gesril

Les années passées à Saint-Malo sont aussi le temps des jeux dangereux et de la complicité avec Gesril.

La Vallée-aux-Loups, juin 1812.

Au second étage de l'hôtel que nous habitions, demeurait un gentilhomme nommé Gesril : il avait un fils et deux filles. Ce fils était élevé autrement que moi ; enfant gâté, ce qu'il faisait était trouvé
5 charmant : il ne se plaisait qu'à se battre, et surtout qu'à exciter des querelles dont il s'établissait le juge. Jouant des tours perfides aux bonnes qui menaient promener les enfants, il n'était bruit que de ses espiègleries que l'on transformait en crimes noirs. Le père riait de tout, et *Joson*[1] n'en était que plus chéri. Gesril devint mon intime
10 ami et prit sur moi un ascendant incroyable : je profitai sous un tel maître, quoique mon caractère fût entièrement l'opposé du sien. J'aimais les jeux solitaires, je ne cherchais querelle à personne : Gesril était fou des plaisirs de cohue et jubilait au milieu des bagarres d'enfants. Quand quelque polisson me parlait, Gesril me disait : « Tu
15 le souffres ? » À ce mot je croyais mon honneur compromis et je sautais aux yeux du téméraire ; la taille et l'âge n'y faisaient rien. Spectateur du combat, mon ami applaudissait à mon courage, mais ne faisait rien pour me servir. Quelquefois il levait une armée de tous les sautereaux[2] qu'il rencontrait, divisait ses conscrits en deux bandes, et nous
20 escarmouchions sur la plage à coups de pierres. […]
Deux aventures mirent fin à cette première partie de mon histoire, et produisirent un changement notable dans le système de mon éducation.

---

1. Diminutif de Joseph, le prénom de Gesril.
2. Garnements.

Nous étions un dimanche sur la grève, à l'*éventail*[3] de la porte Saint-Thomas à l'heure de la marée. Au pied du château et le long du Sillon, de gros pieux enfoncés dans le sable protègent les murs contre la houle. Nous grimpions ordinairement au haut de ces pieux pour voir passer au-dessous de nous les premières ondulations du flux. Les places étaient prises comme de coutume ; plusieurs petites filles se mêlaient aux petits garçons. J'étais le plus en pointe vers la mer, n'ayant devant moi qu'une jolie mignonne, Hervine Magon, qui riait de plaisir et pleurait de peur. Gesril se trouvait à l'autre bout du côté de la terre. Le flot arrivait, il faisait du vent ; déjà les bonnes et les domestiques criaient : « Descendez, Mademoiselle ! Descendez, Monsieur ! » Gesril attend une grosse lame : lorsqu'elle s'engouffre entre les pilotis, il pousse l'enfant assis auprès de lui ; celui-là se renverse sur un autre ; celui-ci sur un autre : toute la file s'abat comme des moines[4] de cartes, mais chacun est retenu par son voisin ; il n'y eut que la petite fille de l'extrémité de la ligne sur laquelle je chavirai qui, n'étant appuyée par personne, tomba. Le jusant l'entraîne ; aussitôt mille cris, toutes les bonnes retroussant leurs robes et tripotant dans la mer, chacune saisissant son magot[5] et lui donnant une tape. Hervine fut repêchée ; mais elle déclara que François l'avait jetée bas. Les bonnes fondent sur moi ; je leur échappe ; je cours me barricader dans la cave de la maison : l'armée femelle me pourchasse. Ma mère et mon père étaient heureusement sortis. La Villeneuve défend vaillamment la porte et soufflette l'avant-garde ennemie. Le véritable auteur du mal, Gesril, me prête secours : il monte chez lui, et avec ses deux sœurs jette par les fenêtres des potées d'eau et des pommes cuites aux assaillantes. Elles levèrent le siège à l'entrée de la nuit : mais cette nouvelle se répandit dans la ville, et le chevalier de Chateaubriand, âgé de neuf ans, passa pour un homme atroce, un reste de ces pirates dont saint Aaron[6] avait purgé son rocher.

Voici l'autre aventure :

J'allais avec Gesril à Saint-Servan, faubourg séparé de Saint-Malo par le port marchand. Pour y arriver à basse mer, on franchit des cou-

---

3. La descente pavée vers la plage s'élargit en forme d'éventail.
4. Châteaux de cartes.
5. Marmot.
6. Ermite qui vivait au VIe siècle sur le rocher de Saint-Malo.

rants d'eau sur des ponts étroits de pierres plates, que recouvre la marée montante. Les domestiques qui nous accompagnaient, étaient restés assez loin derrière nous. Nous apercevons à l'extrémité d'un de ces ponts deux mousses qui venaient à notre rencontre ; Gesril me dit : « Laisserons-nous passer ces gueux-là ? » et aussitôt il leur crie : « À l'eau, canards ! » Ceux-ci, en qualité de mousses, n'entendant pas raillerie, avancent ; Gesril recule ; nous nous plaçons au bout du pont, et saisissant des galets, nous les jetons à la tête des mousses. Ils fondent sur nous, nous obligent à lâcher pied, s'arment eux-mêmes de cailloux, et nous mènent battant[7] jusqu'à notre corps de réserve, c'est-à-dire jusqu'à nos domestiques. Je ne fus pas, comme Horatius[8], frappé à l'œil, mais à l'oreille : une pierre m'atteignit si rudement que mon oreille gauche, à moitié détachée, tombait sur mon épaule.

Je ne pensai point à mon mal, mais à mon retour. Quand mon ami rapportait de ses courses un œil poché, un habit déchiré, il était plaint, caressé, choyé, rhabillé : en pareil cas, j'étais mis en pénitence. Le coup que j'avais reçu était dangereux, mais jamais La France ne me put persuader de rentrer, tant j'étais effrayé. Je m'allai cacher au second étage de la maison, chez Gesril, qui m'entortilla la tête d'une serviette. Cette serviette le mit en train : elle lui représenta une mitre[9], il me transforma en évêque, et me fit chanter la grand'-messe avec lui et ses sœurs jusqu'à l'heure du souper. Le pontife fut alors obligé de descendre : le cœur me battait. Surpris de ma figure débiffée[10] et barbouillée de sang, mon père ne dit pas un mot ; ma mère poussa un cri ; La France conta mon cas piteux, en m'excusant ; je n'en fus pas moins rabroué. On pansa mon oreille, et monsieur et madame de Chateaubriand résolurent de me séparer de Gesril le plus tôt possible. [...]

Voilà le tableau de ma première enfance. J'ignore si la dure éducation que je reçus est bonne en principe, mais elle fut adoptée de

---

7. Sans relâche.
8. Horatius « Coclès » c'est-à-dire « le borgne » : héros romain qui perdit un œil en défendant seul un pont contre l'armée étrusque.
9. Coiffure des évêques.
10. En mauvais état.

mes proches sans dessein et par une suite naturelle de leur humeur. Ce qu'il y a de sûr, c'est qu'elle a rendu mes idées moins semblables à celles des autres hommes ; ce qu'il y a de plus sûr encore, c'est qu'elle a imprimé à mes sentiments un caractère de mélancolie née
90 chez moi de l'habitude de souffrir à l'âge de la faiblesse, de l'imprévoyance et de la joie.

Dira-t-on que cette manière de m'élever m'aurait pu conduire à détester les auteurs de mes jours ? Nullement : le souvenir de leur rigueur m'est presque agréable ; j'estime et honore leurs grandes
95 qualités. [...] Aurait-on mieux développé mon intelligence en me jetant plus tôt dans l'étude ? J'en doute : ces flots, ces vents, cette solitude qui furent mes premiers maîtres convenaient peut-être mieux à mes dispositions natives ; peut-être dois-je à ces instituteurs sauvages quelques vertus que j'aurais ignorées.

Extrait du livre premier, chapitre 5.

Étudier un genre : l'autobiographie

La situation d'énonciation et les formes de discours

1. a. Repérez les passages qui renvoient au souvenir et ceux qui renvoient au moment de l'écriture.
b. Quelle est la valeur du présent dans les lignes 40 à 49 ? et dans les lignes 84 à 99 ?
c. Quelles sont les deux formes de discours dominantes dans cet extrait ?
2. Relevez les paroles rapportées directement. Qui parle ? À qui ? Déterminez le niveau de langage. Quel est l'effet produit ?

Les souvenirs d'enfance : les jeux

3. Quels sont les différents jeux évoqués dans le texte ? Qui les organise ? En quoi la plupart sont-ils dangereux ?
4. Relisez les deux aventures : quel est le rôle des lignes 24 à 32 et 54 à 58 ? Quels détails sont nécessaires à la compréhension des faits ?
5. Où se déroulent la plupart de ces jeux ? Quel élément naturel tient un rôle important dans la première aventure ? Relevez le champ lexical qui s'y rapporte.

6. a. Comment, dans la première aventure, la chute de la petite fille est-elle rendue expressive ? Pourquoi est-elle la seule à tomber ?
b. Hervine « déclara que François l'avait jetée bas » (l. 43). Est-ce ou non un mensonge ? Justifiez votre réponse.

Les souvenirs d'enfance : le meilleur ami

7. Présentez les différents aspects du caractère de Gesril tels qu'ils apparaissent au fil du texte. Chateaubriand lui ressemble-t-il ? Justifiez votre réponse.

8. Lequel des deux enfants a de l'influence sur l'autre ? Relevez les expressions qui le montrent. Comment pouvez-vous expliquer cet engouement ?

9. Gesril et Chateaubriand reçoivent-ils la même éducation ? Citez le texte. Pourquoi les parents de Chateaubriand décident-ils de le séparer de Gesril ?

La distance humoristique

> Dans une autobiographie, le narrateur adulte porte souvent un regard amusé sur l'enfant qu'il était en usant de l'humour et de l'ironie.
> La *parodie épique* consiste à imiter avec humour, le récit des exploits d'un personnage héroïque.

10. a. Relevez les mots et expressions appartenant au champ lexical de la guerre (l. 43 à 52).
b. En quoi l'évocation de la poursuite et de la bataille peut-elle être considérée comme une parodie épique ? Quel est l'effet produit ?

11. Relevez d'autres mots ou d'autres expressions du texte qui prêtent à sourire.

Les enjeux (voir p. 15)

12. Quels peuvent être les enjeux de ce passage ? Appuyez-vous sur l'analyse du dernier paragraphe.

S'exprimer

13. Vous avez sans doute participé ou assisté à des jeux (ou des sports) dangereux… Racontez en présentant les risques encourus par les participants, mais en veillant à établir une distance humoristique dans votre récit.

14. Sur quoi se fondent les réputations ? Pensez-vous qu'il faille tenir compte de la réputation d'une personne pour la fréquenter ou pour la juger ? Justifiez votre point de vue. Engagez ensuite le débat oralement avec vos camarades.

Se documenter

La distance narrative

Même quand le récit est écrit à la première personne, la coïncidence parfaite entre celui qui tient la plume et le personnage qui porte son nom n'est pas exacte : le narrateur adulte porte un regard différent de celui de l'enfant sur les événements : il commente, analyse son comportement avec un certain recul ; il s'adresse à son lecteur. On voit alors que l'œuvre autobiographique est une entreprise complexe dans laquelle se mêlent un double point de vue, une double voix, un double « je », celui de l'énonciation, c'est-à-dire du moment de l'écriture, et celui du récit, c'est-à-dire celui du moment de l'histoire.

Ainsi, le narrateur intervient souvent de façon directe en cours de récit pour décrire sa situation ou son état d'esprit présents, ou bien pour intercaler des commentaires sur ce qu'il vient de raconter : l'emploi du présent et des déictiques (aujourd'hui, demain, cette page, mon lecteur...) signalent cette intervention, parce qu'ils renvoient à la situation d'énonciation, c'est-à-dire aux circonstances de l'écriture. Ils tranchent donc sur l'essentiel du récit, fait aux temps du passé (passé simple, imparfait, plus-que-parfait) qui nous plongent dans l'époque lointaine du souvenir.

On perçoit aussi la présence du narrateur dans la manière de présenter les faits. Ainsi, l'humour ou l'ironie sont des marques fréquentes de cette distance entre l'adulte qui écrit et l'enfant qu'il décrit. L'humour ramène les faits à une dimension plus juste, les dédramatise ; l'écrivain adulte porte un regard à la fois attendri et amusé sur la faiblesse et la naïveté de l'enfant qu'il n'est plus : ainsi, le lecteur prend conscience que l'identification totale entre l'auteur, le narrateur et le personnage est impossible.

TEXTE 5

Aventure de la pie

À la suite des jeux dangereux avec Gesril, et à l'initiative de sa mère qui préférerait pour lui une carrière ecclésiastique, Chateaubriand est envoyé au collège de Dol. Après un temps d'adaptation nécessaire « à un hibou de [son] espèce », il se fait remarquer par son goût du latin et des mathématiques et surtout par une mémoire extraordinaire. Mais l'enfant sait aussi se mettre en valeur auprès de ses camarades d'une tout autre manière.

Dieppe, fin d'octobre 1812.

Lorsque le temps était beau, les pensionnaires du collège sortaient le jeudi et le dimanche. On nous menait souvent au Mont-Dol, au sommet duquel se trouvaient quelques ruines gallo-romaines : du haut de ce tertre isolé, l'œil plane sur la mer et sur des marais où voltigent pendant la nuit des feux follets, lumière des sorciers qui brûle aujourd'hui dans nos lampes. Un autre but de nos promenades était les prés qui environnaient un séminaire d'*Eudistes*[1], d'Eude, frère de l'historien Mézerai, fondateur de leur congrégation.

Un jour du mois de mai, l'abbé Egault, préfet de semaine[2], nous avait conduits à ce séminaire : on nous laissait une grande liberté de jeux, mais il était expressément défendu de monter sur les arbres. Le régent[3] après nous avoir établis dans un chemin herbu, s'éloigna pour dire son bréviaire.

Des ormes bordaient le chemin : tout à la cime du plus grand, brillait un nid de pie : nous voilà en admiration, nous montrant mutuellement la mère assise sur ses œufs, et pressés du plus vif désir de sai-

---

1. Congrégation qui formait des missionnaires.
2. Maître chargé de la discipline.
3. Le professeur.

sir cette superbe proie. Mais qui oserait tenter l'aventure ? L'ordre était si sévère, le régent si près, l'arbre si haut ! Toutes les espérances se tournent vers moi ; je grimpais comme un chat. J'hésite, puis la gloire l'emporte : je me dépouille de mon habit, j'embrasse l'orme et je commence à monter. Le tronc était sans branches, excepté aux deux tiers de sa crue[4], où se formait une fourche dont une des pointes portait le nid.

Mes camarades, assemblés sous l'arbre, applaudissent à mes efforts, me regardant, regardant l'endroit d'où pouvait venir le préfet, trépignant de joie dans l'espoir des œufs, mourant de peur dans l'attente du châtiment. J'aborde au nid ; la pie s'envole ; je ravis les œufs, je les mets dans ma chemise et redescends. Malheureusement, je me laisse glisser entre les tiges jumelles et j'y reste à califourchon. L'arbre étant élagué, je ne pouvais appuyer mes pieds ni à droite ni à gauche pour me soulever et reprendre le limbe extérieur[5] : je demeure suspendu en l'air à cinquante pieds[6].

Tout à coup un cri : « Voici le préfet ! » et je me vois incontinent[7] abandonné de mes amis, comme c'est l'usage. Un seul, appelé Le Gobbien, essaya de me porter secours, et fut tôt obligé de renoncer à sa généreuse entreprise. Il n'y avait qu'un moyen de sortir de ma fâcheuse position, c'était de me suspendre en dehors par les mains à l'une des deux dents de la fourche, et de tâcher de saisir avec mes pieds le tronc

---

4. Croissance, hauteur.
5. Tronc principal.
6. Le pied équivalait à 0,324 m.
7. Sur le champ.

de l'arbre au-dessous de sa bifurcation. J'exécutai cette manœuvre au péril de ma vie. Au milieu de mes tribulations, je n'avais pas lâché mon trésor : j'aurais pourtant mieux fait de le jeter, comme depuis j'en ai jeté tant d'autres. En dévalant le tronc, je m'écorchai les mains, je m'éraillai les jambes et la poitrine, et j'écrasai les œufs : ce fut ce qui me perdit. Le préfet ne m'avait point vu sur l'orme ; je lui cachai assez bien mon sang, mais il n'y eut pas moyen de lui dérober l'éclatante couleur d'or dont j'étais barbouillé. « Allons, me dit-il, monsieur, vous aurez le fouet. »

Si cet homme m'eût annoncé qu'il commuait cette peine dans celle de mort, j'aurais éprouvé un mouvement de joie. L'idée de la honte n'avait point approché de mon éducation sauvage : à tous les âges de ma vie, il n'y a point de supplice que je n'eusse préféré à l'horreur d'avoir à rougir devant une créature vivante. L'indignation s'éleva dans mon cœur ; je répondis à l'abbé Egault, avec l'accent non d'un enfant, mais d'un homme, que jamais ni lui ni personne ne lèverait la main sur moi. Cette réponse l'anima[8], il m'appela rebelle et promit de faire un exemple. « Nous verrons », répliquai-je, et je me mis à jouer à la balle avec un sang-froid qui le confondit.

Nous retournâmes au collège ; le régent me fit entrer chez lui et m'ordonna de me soumettre. Mes sentiments exaltés firent place à des torrents de larmes. Je représentai à l'abbé Egault qu'il m'avait appris le latin ; que j'étais son écolier, son disciple, son enfant ; qu'il ne voudrait pas déshonorer son élève, et me rendre la vue de mes compagnons insupportable ; qu'il pouvait me mettre en prison, au pain et à l'eau, me priver de mes récréations, me charger de pensums ; que je lui saurais gré de cette clémence et l'en aimerais davantage. Je tombai à ses genoux, je joignis les mains, je le suppliai par Jésus-Christ de m'épargner : il demeura sourd à mes prières. Je me levai plein de rage, et lui lançai dans les jambes un coup de pied si rude qu'il en poussa un cri. Il court en clochant à la porte de sa chambre, la ferme à double tour et revient sur moi. Je me retranche derrière son lit ; il m'allonge à travers le lit des coups de férule[9]. Je m'entortille dans la couverture, et, m'animant au combat, je m'écrie :

Macte animo, generose puer ! [10]

Cette érudition de grimaud[11] fit rire malgré lui mon ennemi ; il parla d'armistice : nous conclûmes un traité ; je convins de m'en rapporter à l'arbitrage du principal. Sans me donner gain de cause, le principal me voulut bien soustraire à la punition que j'avais repoussée. Quand l'excellent prêtre prononça mon acquittement, je baisai la manche de sa robe avec une telle effusion de cœur et de reconnaissance, qu'il ne se put empêcher de me donner sa bénédiction. Ainsi se termina le premier combat que me fit rendre cet honneur devenu l'idole de ma vie, et auquel j'ai tant de fois sacrifié repos, plaisir et fortune.

Extrait du livre II, chapitre 4.

Après quatre années passées au collège de Dol, l'adolescent poursuit ses études à Rennes puis à Brest où il se prépare à entrer dans la marine. Mais son « impossibilité d'obéir » le fait renoncer à cette carrière et il retourne dans sa famille : « je déclarai ma volonté ferme d'embrasser l'état ecclésiastique : la vérité est que je ne cherchais qu'à gagner du temps... ».

8. Le mit hors de lui.
9. Petite baguette de bois ou de cuir avec laquelle on frappait la main des écoliers en faute.

10. « Courage, noble enfant ! » : début d'un vers du poète latin Stace.
11. Élève des petites classes, écolier ignorant.

Repérer et comprendre

Le discours narratif

1. Retrouvez le schéma narratif (situation initiale, élément déclencheur, enchaînement des actions, dénouement, situation finale).

2. Quel objet suscite la convoitise des enfants ? Relevez le groupe nominal qui souligne son aspect tentant (l. 14 à 17).

3. Quelles difficultés s'opposent à l'entreprise ? Quelle est la phrase qui les résume ? De quel type de phrase s'agit-il ? Analysez-en le rythme. Quel est l'effet produit ?

4. Pourquoi est-ce Chateaubriand qui tente l'aventure ? Quels aspects de son caractère apparaissent dans cette première partie de l'anecdote ? Citez le texte.

5. Par quels différents procédés (accumulation, emploi du présent de narration…) le narrateur ménage-t-il le suspense ou accélère-t-il le récit ? Citez des exemples précis.

L'expression des sentiments

6. a. Quel est le sentiment qui pousse l'enfant à la révolte ? En quels termes est-il défini (l. 58 à 62) ?
b. Résumez les étapes de cette révolte.

7. Par quelles expressions et figure de style le narrateur souligne-t-il la violence des sentiments de l'enfant (l. 58 à 67) ?

8. Par quels arguments le jeune garçon essaie-t-il d'échapper à cette punition ?

Étudier un genre : l'autobiographie

L'écriture de soi : distanciation, analyse, enjeux

9. Relevez deux commentaires formulés par Chateaubriand adulte (l. 40 à 52). En quoi éclairent-ils sa personnalité ?

10. Relevez quelques expressions qui montrent que le narrateur adulte prend une certaine distance avec le souvenir d'enfance (marques d'exagérations, humour…). Comparez ce texte avec celui de Rousseau page 126 : quels sont les points communs entre ces deux extraits ?

11. Quels sont les enjeux de ce passage ?

Enquêter

12. Recherchez dans un dictionnaire les différents sens du mot « honneur » : précisez celui qui correspond au texte et relevez les expressions qui s'y rapportent.

S'exprimer

13. Racontez un épisode de votre vie où vous avez éprouvé de la honte. Vous respecterez les critères du genre autobiographique ; l'évocation du souvenir sera accompagnée de commentaires et de réflexions se référant au moment de l'écriture.

14. Que signifie « l'honneur » pour un adolescent d'aujourd'hui ? Avez-vous vous aussi votre propre code d'honneur ? À quels actes cela vous engage-t-il dans votre vie quotidienne ? Quels actes cela vous interdit-il ? Présentez vos réflexions dans un développement écrit ou engagez la discussion avec vos camarades.

15. Quels combats au nom de l'honneur vous semblent devoir être entrepris par les hommes du XXe siècle ?

16. Lisez le texte à haute voix en vous attachant à rendre les changements de ton et de rythme.

TEXTE 6
La grive de Montboissier

Préoccupé par son engagement politique et par des soucis financiers, Chateaubriand interrompt l'écriture de ses Mémoires *pendant plus de trois ans. Au début du livre III, alors qu'il se promène dans le parc de Montboissier « sur les confins de la Beauce et du Perche », il raconte comment un événement inattendu ressuscite les paysages de son adolescence et tire du néant le domaine de Combourg autrefois cher à son cœur. En même temps lui apparaît l'impérieuse nécessité d'écrire pour maîtriser le temps.*

Montboissier, juillet 1817.

Hier au soir je me promenais seul : le ciel ressemblait à un ciel d'automne ; un vent froid soufflait par intervalles. À la percée d'un fourré, je m'arrêtai pour regarder le soleil : il s'enfonçait dans des
5 nuages au-dessus de la tour d'Alluye, d'où Gabrielle[1], habitante de cette tour, avait vu comme moi le soleil se coucher il y a deux cents ans. Que sont devenus Henri et Gabrielle ? Ce que je serai devenu quand ces *Mémoires* seront publiés.

Je fus tiré de mes réflexions par le gazouillement d'une grive per-
10 chée sur la plus haute branche d'un bouleau. À l'instant, ce son magique fit reparaître à mes yeux le domaine paternel ; j'oubliai les catastrophes dont je venais d'être témoin, et, transporté subitement dans le passé, je revis ces campagnes où j'entendis si souvent siffler la grive. Quand je l'écoutais alors, j'étais triste de même qu'aujourd'hui ;
15 mais cette première tristesse était celle qui naît d'un désir vague de bonheur, lorsqu'on est sans expérience ; la tristesse que j'éprouve

---

1. Donjon d'un ancien château qui appartenait au XVIe siècle à la famille de Gabrielle d'Estrées, maîtresse de Henri IV.

actuellement, vient de la connaissance des choses appréciées et jugées. Le chant de l'oiseau dans les bois de Combourg m'entretenait d'une félicité que je croyais atteindre ; le même chant dans le parc de
20 Montboissier me rappelait des jours perdus à la poursuite de cette félicité insaisissable. Je n'ai plus rien à apprendre, j'ai marché plus vite qu'un autre, et j'ai fait le tour de la vie. Les heures fuient et m'entraînent ; je n'ai pas même la certitude de pouvoir achever ces *Mémoires*. Dans combien de lieux ai-je déjà commencé à les écrire,
25 et dans quel lieu les finirai-je ? Combien de temps me promènerai-je au bord des bois ? Mettons à profit le peu d'instants qui me restent ; hâtons-nous de peindre ma jeunesse, tandis que j'y touche encore : le navigateur, abandonnant pour jamais un rivage enchanté, écrit son journal à la vue de la terre qui s'éloigne et qui va bientôt disparaître.

Extrait du livre III, chapitre 1.

Étudier un genre : l'autobiographie

Le souvenir et l'interférence des époques

1. Quel événement fait surgir le souvenir ?

2. Comment le narrateur évoque-t-il le caractère soudain et merveilleux de ce phénomène (l. 9 à 14) ? Pour répondre, appuyez-vous sur le vocabulaire et sur le temps des verbes.

3. Qu'est-ce qui permet le rapprochement des deux époques ? Pour répondre, relevez tous les parallélismes entre Combourg et Montboissier (l. 14 à 21).

4. Relevez les différentes indications temporelles du texte et placez-les dans le tableau ci-dessous.

a. Retrouvez dans le texte une phrase correspondant à chacune des époques évoquées et recopiez-la également dans la grille.

b. Quels sont les différents temps verbaux employés ? À quelles époques renvoient-ils ? Donnez leurs différentes valeurs.

Époques	Indications temporelles	Exemples de phrases	Temps verbaux
Passé lointain			
Passé proche			
Présent de l'écriture			
Avenir			

L'expression des sentiments

5. Comparez la tristesse de Chateaubriand adulte et celle de l'auteur adolescent : est-il plus ou moins heureux qu'autrefois ? Pourquoi ?

6. Analysez l'expression de la tristesse et de la mélancolie.
Pour répondre,
– dites en quoi les éléments du paysage favorisent les pensées mélancoliques du narrateur (l. 2 à 8) ;
– analysez le rythme et les sonorités du premier paragraphe. Quelle phrase présente un rythme ternaire (voir page 52) ? Quel est l'effet produit ?
– expliquez les expressions métaphoriques des lignes 21 et 22.

7. Quelle vision de l'avenir a le narrateur ? Relevez des phrases qui le montrent.

8. Quel est le pouvoir fabuleux de l'écriture autobiographique sur le passé ? et sur l'avenir ?

9. *La métaphore filée.*

> Une *métaphore* met en relation deux éléments, le comparé (élément que l'on compare) et le comparant (élément auquel on compare) sans outil de comparaison (comme, pareil à…). Une *métaphore* est *filée* quand elle se développe dans plusieurs mots ou expressions.

Analysez tous les éléments qui composent la métaphore filée des dernières lignes.

Se documenter

Le phénomène de réminiscence

Si elle met aussi en jeu la mémoire, la réminiscence est cependant à distinguer du souvenir proprement dit. Elle ne se présente pas comme un acte volontaire par lequel on se remémore tel ou tel événement du passé, mais comme le surgissement inattendu d'impressions, puis d'images anciennes qui émergent des tréfonds de la mémoire où elles étaient jusque-là enfouies. Dans le texte de Chateaubriand, c'est une sensation auditive qui, en renvoyant à un son identique autrefois entendu mais effacé des souvenirs, fait remonter à la conscience tout un pan du passé qui semblait perdu. De la même façon, Marcel Proust (1871-1922), dans son œuvre *Du côté de chez Swann*, décrit un phénomène similaire, cette fois à partir d'une sensation gustative : le goût d'une petite madeleine trempée dans du thé ressuscite une saveur oubliée et fait renaître le monde disparu de l'enfance :

> *[...] Et dès que j'eus reconnu le goût du morceau de madeleine trempé dans le tilleul que me donnait ma tante (quoique je ne susse pas encore et dusse remettre à bien plus tard de découvrir pourquoi ce souvenir me rendait si heureux), aussitôt la vieille maison grise sur la rue, où était sa chambre, vint comme un décor de théâtre s'appliquer au petit pavillon donnant sur le jardin, qu'on avait construit pour mes parents sur ses derrières (ce pan tronqué que seul j'avais revu jusque-là) ; et avec la maison, la ville, depuis le matin jusqu'au soir et par tous les temps, la Place où on m'envoyait avant déjeuner, les rues où j'allais faire des courses, les chemins qu'on prenait si le temps était beau. Et comme dans ce jeu où les Japonais s'amusent à tremper dans un bol de porcelaine rempli d'eau, de petits morceaux de papier jusque-là indistincts qui, à peine y sont-ils plongés, s'étirent, se contournent, se colorent, se différencient, deviennent des fleurs, des maisons, des personnages consistants et reconnaissables, de même maintenant toutes les fleurs de notre jardin et celles du parc de M. Swann, et les nymphéas de la Vivonne, et les bonnes gens du village et leurs petits logis et l'église et tout Combray et ses environs, tout cela qui prend forme et solidité, est sorti, ville et jardins, de ma tasse de thé. [...]*

TEXTE 7

Vie à Combourg

En mai 1777, la famille s'est installée au château de Combourg, entre Rennes et Saint-Malo : cette bâtisse austère repliée entre ses murs et ses bois va marquer durablement la sensibilité de l'adolescent. Après de brefs séjours pendant les vacances, Chateaubriand y rejoint ses parents et Lucile tandis qu'il achève ses humanités à Dinan. Commence alors une vie solitaire aux journées immuables.

Montboissier, juillet 1817.
Revu en décembre 1846.

À mon retour de Brest, quatre maîtres (mon père, ma mère, ma sœur et moi) habitaient le château de Combourg. Une cuisinière, une femme de chambre, deux laquais et un cocher composaient tout le domestique : un chien de chasse et deux vieilles juments étaient retranchés dans un coin de l'écurie. Ces douze êtres vivants disparaissaient dans un manoir où l'on aurait à peine aperçu cent chevaliers, leurs dames, leurs écuyers, leurs valets, les destriers et la meute du roi Dagobert.

Dans tout le cours de l'année aucun étranger ne se présentait au château, hormis quelques gentilshommes, le marquis de Monlouet, le comte de Goyon-Beaufort, qui demandaient l'hospitalité en allant plaider au Parlement[1]. Ils arrivaient l'hiver, à cheval, pistolets aux arçons[2], couteau de chasse au côté, et suivis d'un valet également à cheval, ayant en croupe un gros portemanteau de livrée[3].

---

1. Le parlement des États de Bretagne, à Rennes.
2. Partie en bois de la selle.
3. Sorte de bagage aux couleurs du seigneur.

Mon père, toujours très cérémonieux, les recevait tête nue sur le perron, au milieu de la pluie et du vent. Les campagnards introduits racontaient leurs guerres de Hanovre[4], les affaires de leur famille et l'histoire de leurs procès. Le soir, on les conduisait dans la tour du nord, à l'appartement de la reine *Christine*[5], chambre d'honneur occupée par un lit à sept pieds en tout sens, à doubles rideaux de gaze verte et de soie cramoisie, et soutenu par quatre amours dorés. Le lendemain matin, lorsque je descendais dans la grand'salle, et qu'à travers les fenêtres je regardais la campagne inondée ou couverte de frimas, je n'apercevais que deux ou trois voyageurs sur la chaussée solitaire de l'étang : c'étaient nos hôtes chevauchant vers Rennes.

Ces étrangers ne connaissaient pas beaucoup de choses de la vie ; cependant notre vue s'étendait par eux à quelques lieues au-delà de l'horizon de nos bois. Aussitôt qu'ils étaient partis, nous étions réduits, les jours ouvrables au tête-à-tête de famille, le dimanche à la société des bourgeois du village et des gentilshommes voisins. [...]

Les distractions du dimanche expiraient avec la journée ; elles n'étaient pas même régulières. Pendant la mauvaise saison, des mois entiers s'écoulaient sans qu'aucune créature humaine frappât à la porte de notre forteresse. [...]

Le calme morne du château de Combourg était augmenté par l'humeur taciturne et insociable de mon père. Au lieu de resserrer sa famille et ses gens autour de lui, il les avait dispersés à toutes les aires de vent[6] de l'édifice. Sa chambre à coucher était placée dans la petite tour de l'est, et son cabinet dans la petite tour de l'ouest. Les meubles de ce cabinet consistaient en trois chaises de cuir noir et une table couverte de titres et de parchemins. Un arbre généalogique de la famille des Chateaubriand tapissait le manteau de la cheminée, et dans l'embrasure d'une fenêtre on voyait toutes sortes d'armes depuis le pistolet jusqu'à l'espingole[7]. L'appartement de ma mère régnait au-dessus de la grand'salle, entre les deux petites tours : il

---

4. Allusion à la guerre de Sept ans (1756-1763).
5. La reine Christine de Suède y aurait autrefois couché.

6. Terme de marine qui signifie dans toutes les directions.
7. Fusil court à canon évasé.

Le château de Combourg. Illustration pour les *Mémoires d'outre-tombe*.

était parqueté et orné de glaces de Venise à facettes. Ma sœur habitait un cabinet dépendant de l'appartement de ma mère. La femme de chambre couchait loin de là, dans le corps de logis des grandes tours. Moi, j'étais niché dans une espèce de cellule isolée, au haut de la tourelle de l'escalier qui communiquait de la cour intérieure aux diverses parties du château. Au bas de cet escalier, le valet de chambre de mon père et le domestique gisaient dans des caveaux voûtés, et la cuisinière tenait garnison dans la grosse tour de l'ouest.

Mon père se levait à quatre heures du matin, hiver comme été : il venait dans la cour intérieure appeler et éveiller son valet de chambre, à l'entrée de l'escalier de la tourelle. On lui apportait un peu de café à cinq heures ; il travaillait ensuite dans son cabinet jusqu'à midi. Ma mère et ma sœur déjeunaient chacune dans leur chambre, à huit heures du matin. Je n'avais aucune heure fixe, ni pour me lever, ni pour déjeuner ; j'étais censé étudier jusqu'à midi : la plupart du temps je ne faisais rien.

À onze heures et demie, on sonnait le dîner que l'on servait à midi. La grand'salle était à la fois salle à manger et salon : on dînait et l'on soupait à l'une de ses extrémités du côté de l'est ; après les repas, on se venait placer à l'autre extrémité du côté de l'ouest, devant une énorme cheminée. La grand'salle était boisée, peinte en gris blanc et ornée de vieux portraits depuis le règne de François Ier jusqu'à celui de Louis XIV ; parmi ces portraits, on distinguait ceux de Condé et de Turenne[8] ; un tableau, représentant Hector tué par Achille sous les murs de Troie, était suspendu au-dessus de la cheminée.

Le dîner fait, on restait ensemble jusqu'à deux heures. Alors, si l'été mon père prenait le divertissement de la pêche, visitait ses potagers, se promenait dans l'étendue du vol du chapon[9], si l'automne et l'hiver, il partait pour la chasse, ma mère se retirait dans la chapelle, où elle passait quelques heures en prières. Cette chapelle était un oratoire sombre, embelli de bons tableaux des plus grands maîtres, qu'on ne s'attendrait guère à trouver dans un château féodal, au fond

---

8. Célèbres hommes de guerre du XVIIe siècle.

9. Autour du château, sur l'étendue que peut parcourir un chapon (vieux terme juridique).

de la Bretagne. J'ai aujourd'hui, en ma possession, une *Sainte Famille* de l'Albane[10], peinte sur cuivre, tirée de cette chapelle : c'est tout ce qui me reste de Combourg.

Mon père parti et ma mère en prières, Lucile s'enfermait dans sa chambre ; je regagnais ma cellule, ou j'allais courir les champs.

À huit heures, la cloche annonçait le souper. Après le souper, dans les beaux jours, on s'asseyait sur le perron. Mon père, armé de son fusil, tirait les chouettes qui sortaient des créneaux à l'entrée de la nuit. Ma mère, Lucile et moi, nous regardions le ciel, les bois, les derniers rayons du soleil, les premières étoiles. À dix heures, on rentrait et l'on se couchait.

Les soirées d'automne et d'hiver étaient d'une autre nature. Le souper fini et les quatre convives revenus de la table à la cheminée, ma mère se jetait, en soupirant, sur un vieux lit de jour de siamoise flambée[11] ; on mettait devant elle un guéridon avec une bougie. Je m'asseyais auprès du feu avec Lucile ; les domestiques enlevaient le couvert et se retiraient. Mon père commençait alors une promenade, qui ne cessait qu'à l'heure de son coucher. Il était vêtu d'une robe de ratine[12] blanche, ou plutôt d'une espèce de manteau que je n'ai vu qu'à lui. Sa tête, demi-chauve, était couverte d'un grand bonnet blanc qui se tenait tout droit. Lorsqu'en se promenant, il s'éloignait du foyer, la vaste salle était si peu éclairée par une seule bougie qu'on ne le voyait plus ; on l'entendait seulement encore marcher dans les ténèbres : puis il revenait lentement vers la lumière et émergeait peu à peu de l'obscurité, comme un spectre, avec sa robe blanche, son bonnet blanc, sa figure longue et pâle. Lucile et moi, nous échangions quelques mots à voix basse, quand il était à l'autre bout de la salle ; nous nous taisions quand il se rapprochait de nous. Il nous disait, en passant : « De quoi parliez-vous ? » Saisis de terreur, nous ne répondions rien ; il continuait sa marche. Le reste de la soirée, l'oreille n'était plus frappée que du bruit mesuré de ses pas, des soupirs de ma mère et du murmure du vent.

---

10. Peintre italien du XVIIe siècle.
11. Étoffe de soie et coton passée à la flamme pour en éliminer le duvet.
12. Épais tissu de laine à poils frisés.

Dix heures sonnaient à l'horloge du château : mon père s'arrêtait ; le même ressort, qui avait soulevé le marteau de l'horloge, semblait avoir suspendu ses pas. Il tirait sa montre, la montait, prenait un grand flambeau d'argent surmonté d'une grande bougie, entrait un moment dans la petite tour de l'ouest, puis revenait, son flambeau à la main, et s'avançait vers sa chambre à coucher, dépendante de la petite tour de l'est. Lucile et moi, nous nous tenions sur son passage ; nous l'embrassions, en lui souhaitant une bonne nuit. Il penchait vers nous sa joue sèche et creuse sans nous répondre, continuait sa route et se retirait au fond de la tour, dont nous entendions les portes se refermer sur lui.

Le talisman était brisé ; ma mère, ma sœur et moi, transformés en statues par la présence de mon père, nous recouvrions les fonctions de la vie. Le premier effet de notre désenchantement se manifestait par un débordement de paroles : si le silence nous avait opprimés, il nous le payait cher.

Ce torrent de paroles écoulé, j'appelais la femme de chambre, et je reconduisais ma mère et ma sœur à leur appartement. Avant de me retirer, elles me faisaient regarder sous les lits, dans les cheminées, derrière les portes, visiter les escaliers, les passages et les corridors voisins. Toutes les traditions du château, voleurs et spectres, leur revenaient en mémoire. Les gens étaient persuadés qu'un certain comte de Combourg, à jambe de bois, mort depuis trois siècles, apparaissait à certaines époques, et qu'on l'avait rencontré dans le grand escalier de la tourelle ; sa jambe de bois se promenait aussi quelquefois seule avec un chat noir.[...]

Ces récits occupaient tout le temps du coucher de ma mère et de ma sœur : elles se mettaient au lit mourantes de peur ; je me retirais au haut de ma tourelle ; la cuisinière rentrait dans la grosse tour, et les domestiques descendaient dans leur souterrain.

La fenêtre de mon donjon s'ouvrait sur la cour intérieure ; le jour, j'avais en perspective les créneaux de la courtine[13] opposée, où végétaient des scolopendres[14] et croissait un prunier sauvage. Quelques

---

13. Mur entre deux tours.   **14.** Variété de fougère.

martinets qui, durant l'été, s'enfonçaient en criant dans les trous des
145 murs, étaient mes seuls compagnons. La nuit, je n'apercevais qu'un
petit morceau du ciel et quelques étoiles. Lorsque la lune brillait et
qu'elle s'abaissait à l'occident, j'en étais averti par ses rayons, qui
venaient à mon lit au travers des carreaux losangés de la fenêtre. Des
chouettes, voletant d'une tour à l'autre, passant et repassant entre la
150 lune et moi, dessinaient sur mes rideaux l'ombre mobile de leurs
ailes. Relégué dans l'endroit le plus désert, à l'ouverture des galeries,
je ne perdais pas un murmure des ténèbres. Quelquefois, le vent semblait courir à pas légers ; quelquefois il laissait échapper des plaintes ;
tout à coup, ma porte était ébranlée avec violence, les souterrains
155 poussaient des mugissements, puis ces bruits expiraient pour recommencer encore. À quatre heures du matin, la voix du maître du château, appelant le valet de chambre à l'entrée des voûtes séculaires[15],
se faisait entendre comme la voix du dernier fantôme de la nuit. Cette
voix remplaçait pour moi la douce harmonie au son de laquelle le
160 père de Montaigne éveillait son fils[16].

    L'entêtement du comte de Chateaubriand à faire coucher un enfant
seul au haut d'une tour pouvait avoir quelque inconvénient ; mais il
tourna à mon avantage. Cette manière violente de me traiter me laissa
le courage d'un homme, sans m'ôter cette sensibilité d'imagination
165 dont on voudrait aujourd'hui priver la jeunesse. Au lieu de chercher à
me convaincre qu'il n'y avait pas de revenants, on me força de les braver. Lorsque mon père me disait avec un sourire ironique : « Monsieur
le chevalier aurait-il peur ? » il m'eût fait coucher avec un mort. Lorsque
mon excellente mère me disait : « Mon enfant, tout n'arrive que par la
170 permission de Dieu ; vous n'avez rien à craindre des mauvais esprits,
tant que vous serez bon chrétien », j'étais mieux rassuré que par tous
les arguments de la philosophie. Mon succès fut si complet que les
vents de la nuit, dans ma tour déshabitée, ne servaient que de jouets
à mes caprices et d'ailes à mes songes. Mon imagination allumée, se

---

15. Vieilles de plusieurs siècles.
16. Montaigne (1533-1592) raconte que son père le réveillait toujours au son d'un instrument de musique ; on trouve cette précision dans son œuvre autobiographique, *Les Essais*.

175 propageant sur tous les objets, ne trouvait nulle part assez de nourriture et aurait dévoré la terre et le ciel. C'est cet état moral qu'il faut maintenant décrire. Replongé dans ma jeunesse, je vais essayer de me saisir dans le passé, de me montrer tel que j'étais, tel peut-être que je regrette de n'être plus, malgré les tourments que j'ai endurés.

Extraits du Livre III, chapitres 3 et 4.

Étudier un genre : l'autobiographie

Les lieux de l'enfance
1. Relevez les mots et expressions qui soulignent l'isolement du château. En quoi la nature environnante et le climat accentuent-ils cette impression de solitude (l. 11 à 36) ?

2. a. Qui sont les habitants du château ? Où loge chacun d'entre eux (l. 37 à 55) ?
b. Quelle est la conséquence de cette occupation de l'espace ? Par qui et pourquoi a-t-elle été choisie ? Citez le texte.

3. Analysez les métaphores des lignes 51 à 55 : « j'étais niché », « gisaient », « tenait garnison ».

4. Relevez les détails d'architecture qui permettent d'imaginer Combourg.

5. Faites l'inventaire des éléments de décoration : comment qualifieriez-vous le décor du château ? En quoi renseigne-t-il sur le statut social de la famille de Chateaubriand ?

Les occupations familiales
6. a. Quelles sont les occupations des différents personnages ?
b. Comment sont-elles organisées ? Pour répondre, appuyez-vous sur les indications temporelles des lignes 56 à 90.
c. Quel est l'effet produit ?

7. À quel moment de la journée et de l'année se déroule la scène décrite lignes 91 à 126 ? Pourquoi ce choix selon vous ?

Le personnage du père
8. En quoi le père occupe-t-il une place centrale dans l'organisation du récit ? Pour répondre, relevez les noms et pronoms qui le désignent.

9. Précisez ses goûts et son caractère en vous appuyant sur des éléments du texte.
10. Relisez les lignes 91 à 126.
a. Quels sentiments suscite le père chez les autres membres de la famille ?
b. Relevez les mots et les expressions qui caractérisent l'apparence physique du père. Quel est l'effet produit ?
c. Quel est le sens des mots « talisman » (l. 122) et « désenchantement » (l. 124) ? Quel est l'effet produit par leur emploi ?

La constitution de la personnalité
11. Quel paragraphe est consacré pour l'essentiel au point de vue du narrateur adulte ?
12. En quoi cette enfance a-t-elle été déterminante pour la formation de sa personnalité ?
13. Le narrateur explique qu'il va tenter de se « saisir dans le passé » (l. 178). En quoi l'ensemble de l'extrait recrée-t-il une série d'actions, de situations et de lieux de manière authentique ? Appuyez-vous sur la précision des détails.
14. Quel est le ton de la dernière phrase ?

Le fantastique
> Un texte utilise le registre *fantastique* quand il mêle au réel des éléments surnaturels, quand il présente certains faits inexplicables ou étranges, quand le lecteur partage les incertitudes et les interrogations du narrateur confronté à des événements qui paraissent irrationnels.

15. Quelles présences surnaturelles sont évoquées dans ce passage ?
16. En quoi les objets, les matières, les éléments d'architecture contribuent-ils à l'étrangeté du décor ?
17. Relevez les mots appartenant aux champs lexicaux de la lumière et de l'obscurité (l. 100 à 105 ; l. 146 à 152). Quel rôle jouent les éclairages ?
18. Relevez les notations auditives (l. 101 à 124 et 152 à 158). En quoi renforcent-elles l'atmosphère fantastique du château ?

Étudier une technique d'écriture

La prose poétique et le rythme ternaire
> *La prose poétique* emprunte au vers un certain nombre d'éléments : rythme, présence d'alexandrins, jeux de sonorités.

> Chateaubriand utilise fréquemment le rythme ternaire qui consiste à fragmenter une phrase ou un segment de phrase en trois groupes de mots (trois noms, trois adjectifs, trois propositions, etc.).
> *Le rythme ternaire* permet de cerner en une formule bien frappée les différents aspects d'une réalité ; il est souvent construit sur une gradation pour mettre en valeur le dernier terme qui constitue la chute.

19. Repérez le rythme ternaire des lignes 109 et 110.

20. Relisez les lignes 148 à 151 : analysez le rythme (repérez notamment un alexandrin) et les sonorités. En quoi contribuent-ils à restituer le vol feutré et le mouvement des oiseaux ?

21. Quelles allitérations et quelles assonances identifiez-vous dans les lignes 152 à 158 ? En quoi contribuent-elles à produire un effet ?

S'exprimer

22. Un personnage, réel ou irréel, vous a fortement impressionné(e). Décrivez-le en le replaçant dans un lieu avec lequel il sera en harmonie. Vous donnerez autant que possible de l'importance aux couleurs, aux éclairages, aux sons…

23. Avez-vous une vision positive ou négative de la solitude ? Expliquez pourquoi en vous efforçant de nuancer votre propos.

Comparer

24. Recherchez dans l'œuvre de Gustave Flaubert, *Par les Champs et par les grèves*, qui raconte un voyage effectué à travers la Bretagne et la Normandie en 1847, la description du château de Combourg alors à l'abandon. Comparez ce texte avec les pages de Chateaubriand.

Se documenter

Combourg

Situé non loin de la forêt de Brocéliande, séjour légendaire de l'enchanteur Merlin et de la fée Morgane, dans une contrée autrefois habitée par les Celtes, le pays de Combourg, entre sa « lande semée de pierres druidiques » et ses bois profonds frémissant des « bruits qui sortent des lieux infréquentés » est tout imprégné de mystère. Quand la famille s'y installe, la bourgade de 4 300 habitants, traversée d'une seule route, reliée à Dinan et Fougères par de mauvais chemins, semble au bout du monde.

Le château, que le père de Chateaubriand a acheté en 1761 est à la mesure du paysage qui l'entoure : une forteresse de pierres, sévère et énigmatique. François-René a huit ans quand, arraché aux plages et à l'air vif de Saint-Malo, il découvre le manoir enfoncé « comme un char à quatre roues » dans la lande bretonne. Sa majestueuse silhouette frappe durablement l'enfant au point de bouleverser encore à sa seule évocation l'écrivain qu'il est devenu : « Les tours d'un château féodal montaient dans les arbres d'une futaie éclairée par le soleil couchant. J'ai été obligé de m'arrêter : mon cœur battait au point de repousser la table sur laquelle j'écris. » Le charme austère du lieu convient au jeune garçon un peu sauvage ; il n'oubliera jamais les tours crénelées surmontées d'un toit pointu, « comme un bonnet posé sur une couronne gothique », le large perron, « raide et droit, de vingt-deux marches, sans rampes, sans garde-fou », les salles immenses et sombres, les fenêtres étroites et tréflées aux profondes embrasures. La fascination de la mystérieuse demeure apparaît, intacte, dans les *Mémoires* : « Des passages et des escaliers secrets, des cachots et des donjons, un labyrinthe de galeries couvertes et découvertes, des souterrains murés dont les ramifications étaient inconnues ; partout silence, obscurité, visage de pierre : voilà le château de Combourg. »

Par-delà le temps, Chateaubriand désigne Combourg comme le pays mythique où s'est forgée pour toujours sa sensibilité, un paysage battu d'un éternel automne qui reflète et favorise les tourments de l'adolescence, un étrange décor où les chimères de la jeunesse peuvent se donner libre cours. Tous les chapitres qui s'y rapportent sont présentés comme autant de scènes fondatrices d'un caractère hors du commun : « C'est dans les bois de Combourg que je suis devenu ce que je suis, que j'ai commencé à sentir la première atteinte de cet ennui que j'ai traîné toute ma vie, de cette tristesse qui a fait mon tourment et ma félicité. »

TEXTE 8
Lucile

Dans la solitude de Combourg, une étroite complicité lie François-René à sa sœur Lucile qui partage ses souffrances et ses rêveries.

Montboissier, août 1817.

Lucile était grande et d'une beauté remarquable, mais sérieuse. Son visage pâle était accompagné de longs cheveux noirs ; elle attachait souvent au ciel ou promenait autour d'elle des regards pleins de tristesse ou de feu. Sa démarche, sa voix, son sourire, sa physionomie avaient quelque chose de rêveur et de souffrant.

Lucile et moi nous nous étions inutiles. Quand nous parlions du monde, c'était de celui que nous portions au-dedans de nous et qui ressemblait bien peu au monde véritable. Elle voyait en moi son protecteur, je voyais en elle mon amie. Il lui prenait des accès de pensées noires que j'avais peine à dissiper : à dix-sept ans, elle déplorait la perte de ses jeunes années ; elle se voulait ensevelir dans un cloître. Tout lui était souci, chagrin, blessure : une expression qu'elle cherchait, une chimère qu'elle s'était faite, la tourmentaient des mois entiers. Je l'ai souvent vue, un bras jeté sur sa tête, rêver immobile et inanimée ; retirée vers son cœur, sa vie cessait de paraître au-dehors ; son sein même ne se soulevait plus. Par son attitude, sa mélancolie, sa vénusté, elle ressemblait à un Génie funèbre. J'essayais alors de la consoler, et l'instant d'après je m'abîmais dans des désespoirs inexplicables.

Lucile aimait à faire seule, vers le soir, quelque lecture pieuse : son oratoire[1] de prédilection était l'embranchement de deux routes champêtres, marqué par une croix de pierre et par un peuplier dont le long style[2] s'élevait dans le ciel comme un pinceau. Ma dévote mère toute

---
1. Lieu destiné à la prière.   **2.** Pointe : allusion à la silhouette allongée de l'arbre.

charmée, disait que sa fille lui représentait une chrétienne de la pri-
mitive Église, priant à ces stations appelées *Laures*[3].

De la concentration de l'âme naissaient chez ma sœur des effets d'esprit extraordinaires : endormie, elle avait des songes prophétiques ; éveillée, elle semblait lire dans l'avenir. Sur un palier de l'escalier de la grande tour, battait une pendule qui sonnait le temps au silence ; Lucile, dans ses insomnies, s'allait asseoir sur une marche, en face de cette pendule : elle regardait le cadran à la lueur de sa lampe posée à terre. Lorsque les deux aiguilles unies à minuit enfantaient dans leur conjonction formidable l'heure des désordres et des crimes, Lucile entendait des bruits qui lui révélaient des trépas lointains. Se trouvant à Paris quelques jours avant le 10 août[4], et demeurant avec mes autres sœurs dans le voisinage du couvent des Carmes[5], elle jette les yeux sur une glace, pousse un cri et dit : « Je viens de voir entrer la mort. » Dans les bruyères de la Calédonie[6], Lucile eût été une femme céleste de Walter Scott[7], douée de la seconde vue ; dans les bruyères armoricaines[8], elle n'était qu'une solitaire avantagée de beauté, de génie et de malheur. […]

La vie que nous menions à Combourg, ma sœur et moi, augmentait l'exaltation de notre âge et de notre caractère. Notre principal désennui consistait à nous promener côte à côte dans le grand Mail[9], au printemps sur un tapis de primevères, en automne sur un lit de feuilles séchées, en hiver sur une nappe de neige que bordait la trace des oiseaux, des écureuils et des hermines. Jeunes comme les primevères, tristes comme la feuille séchée, purs comme la neige nouvelle, il y avait harmonie entre nos récréations et nous.

Extraits du livre III, chapitres 6 et 7.

---

3. Monastères orientaux.
4. Le 10 août 1792 : soulèvement populaire et chute de la royauté.
5. Transformé en prison pendant la Terreur.
6. Ancien nom de l'Écosse.
7. Auteur écossais des romans historiques *Ivanhoé* (1819) et *Quentin Durward* (1823).
8. Bretonnes (l'Armorique est l'ancien nom de la Bretagne).
9. Nom donné à « un bois de chênes, de hêtres, de sycomores, d'ormes et de châtaigniers ».

Repérer et comprendre

Le portrait d'un proche : Lucile

1. a. Quelle impression générale se dégage du portrait de Lucile ? Pour répondre, relevez dans le premier paragraphe les mots et expressions qui caractérisent Lucile ; analysez le champ lexical dominant dans les lignes 10 à 18. **b.** Quel mot du premier paragraphe met l'accent sur le caractère excessif de la jeune fille ?

2. Quel est l'effet produit par le rythme ternaire (voir p. 53) dans la phrase suivante : « Tout lui était souci, chagrin, blessure. » (l. 12 et 13) ?

3. En quoi l'évocation de Lucile s'apparente-t-elle à chaque fois à un tableau ?

4. *L'oxymore.*

> *L'oxymore* ou alliance de mots consiste à rapprocher deux mots de significations opposées. Cette figure de style produit un effet saisissant puisqu'elle unit des éléments apparemment incompatibles.

Relevez l'oxymore dans l'expression « elle n'était qu'une solitaire avantagée de beauté, de génie et de malheur » (l. 40 et 41). Quel sens donnez-vous à cette expression ? En quoi le rythme ternaire renforce-t-il l'effet produit ?

5. Quelle image de Lucile le narrateur présente-t-il dans les lignes 26 à 41 ? Quel est le champ lexical dominant ?

6. Lucile est-elle adaptée à la vie réelle ? Justifiez votre réponse en citant le texte.

Étudier un genre : l'autobiographie

L'écriture de soi

7. Quelle relation le frère et la sœur entretiennent-ils ? Appuyez-vous sur le jeu des pronoms et la structure des phrases (notamment l. 9 et 10). Comment comprenez-vous l'expression « Lucile et moi nous nous étions inutiles » (l. 7) ?

8. a. Les personnalités du frère et de la sœur sont-elles proches ? Justifiez votre réponse. En quoi la personnalité du narrateur s'est-elle trouvée confortée par la présence de sa sœur ?

b. Quel est le rôle de la nature dans la formation de la personnalité des deux enfants ?

9. Dans le premier manuscrit des *Mémoires*, les dernières lignes du texte se réduisent à cette précision : « Notre principal plaisir consistait à nous promener ensemble dans le grand bois pendant l'automne. » Comment Chateaubriand a-t-il utilisé le rythme ternaire pour enrichir sa phrase ? Quelle « harmonie » a-t-il voulu souligner ?

Enquêter

Recherche lexicale

10. Cherchez l'étymologie du mot « mélancolie » (l. 17) ; quelle expression du second paragraphe évoque l'origine de ce mot ?

11. Faites une recherche sur l'évolution du sens des verbes « déplorer » (l. 11) et « tourmenter » (l. 14). Quel sens ont-ils dans le texte ?

12. « vénusté » (l. 17), « désennui » (l. 44) : décomposez ces mots en donnant leur radical, préfixe ou suffixe. Donnez à chacun un synonyme.

Soirées à Combourg.

S'exprimer

13. Apprenez le passage « Mes joies de l'automne » (voir ci-dessous) puis récitez-le devant vos camarades.

Se documenter

Le rôle de la nature

À la fois source d'inspiration mais aussi de consolation, la nature occupe une place capitale dans la vie des êtres rêveurs que sont Lucile et son frère. La sensibilité de l'adolescent trouve un accord profond avec les paysages graves et sauvages de Combourg, particulièrement en automne, quand ils incitent aux réflexions mélancoliques. Les analogies entre le décor de ses courses et lui-même font apparaître la nature comme douée d'une vie mystérieuse ; parce qu'elle reflète les sentiments qu'il éprouve, elle prend tous les caractères d'un paysage intérieur.

Mes joies de l'automne

Plus la saison était triste, plus elle était en rapport avec moi : le temps des frimas, en rendant les communications moins faciles, isole les habitants des campagnes : on se sent mieux à l'abri des hommes.

Un caractère moral s'attache aux scènes de l'automne : ces feuilles qui tombent comme nos ans, ces fleurs qui se fanent comme nos heures, ces nuages qui fuient comme nos illusions, cette lumière qui s'affaiblit comme notre intelligence, ce soleil qui se refroidit comme nos amours, ces fleuves qui se glacent comme notre vie, ont des rapports secrets avec nos destinées.

Je voyais avec un plaisir indicible le retour de la saison des tempêtes, le passage des cygnes et des ramiers, le rassemblement des corneilles dans la prairie de l'étang, et leur perchée à l'entrée de la nuit sur les plus hauts chênes du grand Mail. Lorsque le soir élevait une vapeur bleuâtre au carrefour des forêts, que les complaintes ou les lais du vent gémissaient dans les mousses flétries, j'entrais en pleine possession des sympathies de ma nature.

Extrait du livre III, chapitre 12.

TEXTE 9

Fantôme d'amour

La tendresse de Lucile ne suffit pas à combler un vague et ardent désir que l'adolescent ne sait pas nommer. Le hasard l'éclaire sur cette mystérieuse insatisfaction.

La Vallée-aux-Loups, novembre 1817.

Un voisin de la terre de Combourg était venu passer quelques jours au château avec sa femme, fort jolie. Je ne sais ce qui advint dans le village ; on courut à l'une des fenêtres de la grand'salle pour regar-
5 der. J'y arrivai le premier, l'étrangère se précipitait sur mes pas, je voulus lui céder la place et je me tournai vers elle ; elle me barra involontairement le chemin, et je me sentis pressé entre elle et la fenêtre. Je ne sus plus ce qui se passa autour de moi.

Dès ce moment, j'entrevis que d'aimer et d'être aimé d'une manière
10 qui m'était inconnue, devait être la félicité suprême. Si j'avais fait ce que font les autres hommes, j'aurais bientôt appris les peines et les plaisirs de la passion dont je portais le germe ; mais tout prenait en moi un caractère extraordinaire. L'ardeur de mon imagination, ma timidité, la solitude firent qu'au lieu de me jeter au-dehors, je me
15 repliai sur moi-même ; faute d'objet réel, j'invoquai par la puissance de mes vagues désirs un fantôme qui ne me quitta plus. Je ne sais si l'histoire du cœur humain offre un autre exemple de cette nature. […]

Je me composai donc une femme de toutes les femmes que j'avais vues : elle avait la taille, les cheveux et le sourire de l'étrangère qui
20 m'avait pressé contre son sein ; je lui donnai les yeux de telle jeune fille du village, la fraîcheur de telle autre. Les portraits des grandes dames du temps de François Ier, de Henri IV et de Louis XIV, dont le salon était orné, m'avaient fourni d'autres traits, et j'avais dérobé des grâces jusqu'aux tableaux des Vierges suspendus dans les églises.

Cette charmeresse[1] me suivait partout invisible ; je m'entretenais avec elle, comme avec un être réel ; elle variait au gré de ma folie : Aphrodite sans voile, Diane vêtue d'azur et de rosée, Thalie au masque riant, Hébé à la coupe de la jeunesse, souvent elle devenait une fée qui me soumettait la nature. Sans cesse, je retouchais ma toile ; j'enlevais un appas[2] à ma beauté pour le remplacer par un autre. Je changeais aussi ses parures ; j'en empruntais à tous les pays, à tous les siècles, à tous les arts, à toutes les religions. Puis, quand j'avais fait un chef-d'œuvre, j'éparpillais de nouveau mes dessins et mes couleurs ; ma femme unique se transformait en une multitude de femmes, dans lesquelles j'idolâtrais séparément les charmes que j'avais adorés réunis.

Pygmalion fut moins amoureux de sa statue : mon embarras était de plaire à la mienne. Ne me reconnaissant rien de ce qu'il fallait pour être aimé, je me prodiguais ce qui me manquait. Je montais à cheval comme Castor et Pollux[3], je jouais de la lyre comme Apollon ; Mars[4] maniait ses armes avec moins de force et d'adresse : héros de roman ou d'histoire, que d'aventures fictives j'entassais sur des fictions ! Les ombres des filles de Morven[5], les sultanes de Bagdad et de Grenade, les châtelaines des vieux manoirs ; bains, parfums, danses, délices de l'Asie, tout m'était approprié par une baguette magique.

Voici venir une jeune reine, ornée de diamants et de fleurs (c'était toujours ma sylphide) ; elle me cherche à minuit, au travers des jardins d'orangers, dans les galeries d'un palais baigné des flots de la mer, au rivage embaumé de Naples ou de Messine, sous un ciel d'amour que l'astre d'Endymion[6] pénètre de sa lumière ; elle s'avance, statue animée de Praxitèle[7] au milieu des statues immobiles, des pâles tableaux et des fresques silencieusement blanchies par les rayons de la lune : le bruit léger de sa course sur les mosaïques des marbres se

---

1. Magicienne.
2. Charme, attrait.
3. Célèbres héros de la mythologie grecque ; frères jumeaux fils de Zeus et de Léda.
4. Apollon est le dieu des arts ; Mars est le dieu romain de la guerre.
5. Montagne d'Écosse.
6. Périphrase désignant la lune, amoureuse du berger Endymion, dans la mythologie grecque.
7. Sculpteur athénien du IVe siècle av. J.-C.

mêle au murmure insensible de la vague. La jalousie royale nous environne. Je tombe aux genoux de la souveraine des campagnes d'Enna[8], les ondes de soie de son diadème dénoué viennent caresser mon front, lorsqu'elle penche sur mon visage sa tête de seize années, et que ses mains s'appuient sur mon sein palpitant de respect et de volupté.

Au sortir de ces rêves, quand je me retrouvais un pauvre petit Breton obscur, sans gloire, sans beauté, sans talents, qui n'attirerait les regards de personne, qui passerait ignoré, qu'aucune femme n'aimerait jamais, le désespoir s'emparait de moi : je n'osais plus lever les yeux sur l'image brillante que j'avais attachée à mes pas.

Extraits du livre III, chapitres 9 et 10.

Étudier un genre : l'autobiographie

L'écriture de soi

1. Relisez les deux premiers paragraphes. Quelle découverte fondamentale l'adolescent fait-il ? Quel événement est à l'origine de cette découverte ? Quelles en sont les conséquences ?

2. a. De quels éléments l'adolescent s'inspire-t-il pour composer sa compagne idéale ? À quels domaines appartiennent-ils ?
b. Quels mots, quels procédés soulignent la multiplicité des modèles (l. 18 à 35) ?

3. a. En quoi l'adolescent apparaît-il comme un véritable créateur ? Pour répondre, relevez dans les lignes 18 à 35 le champ lexical de la création et de la modification ainsi que tous les adverbes marquant la fréquence.
b. À quels artistes s'identifie-t-il tour à tour ? Citez le texte.

4. Relevez tous les substituts qui désignent la femme imaginaire (l. 25 à 35 et l. 45 à 57). Identifiez les noms propres. Recherchez le sens du mot « sylphide » (l. 46). Quelles caractéristiques l'adolescent attribue-t-il à la femme idéale ?

---

[8]. Ville de Sicile.

La puissance de l'imaginaire

5. a. Relisez l'avant-dernier paragraphe. À quel temps sont les verbes ? Comment expliquez-vous ce changement de temps ?
b. Relevez les éléments qui constituent le décor et les différentes sensations évoquées. Quel est l'effet produit ?
6. Montrez, en citant le texte, que le jeune homme devient à son tour personnage idéal de son propre rêve. Dans quel rôle se place-t-il vis-à-vis de la femme aimée ? Appuyez-vous sur les lignes 54 à 57.
7. Expliquez le titre donné par Chateaubriand à cet épisode.

La distance narrative

8. En quoi le dernier paragraphe marque-t-il une rupture ? Notez le rythme ternaire. Quel est l'effet produit ?
9. En quoi le narrateur adulte porte-t-il un regard amusé sur l'adolescent qu'il était ? Pour répondre,
– relevez les noms de lieux. Selon quels critères vous semblent-ils avoir été choisis ? En quoi s'agit-il souvent de « clichés » ?
– analysez les comparaisons des lignes 36 à 42.

Enquêter

10. Faites des recherches sur le mythe de Pygmalion. À quelle expression figurée a-t-il donné naissance ?

S'exprimer

11. Lisez à haute voix les trois derniers paragraphes en rendant sensible l'exaltation de l'adolescent et la rupture finale.
12. À votre tour, imaginez votre idéal masculin ou féminin. Vous composerez cet être parfait en multipliant et en mêlant les modèles réels et fictifs.
13. Avez-vous souvent recours à l'imagination ? Si oui, vous expliquerez en quelles circonstances et vous en montrerez les pouvoirs. Dans le cas contraire, vous donnerez les raisons qui vous font préférer la réalité et vous ferez apparaître les dangers auxquels l'imagination expose parfois.

Étudier une image

14. Qu'est-ce qu'une odalisque ? Identifiez le personnage à l'arrière-plan.
15. Quelles caractéristiques ont en commun la femme évoquée dans le texte et celle du tableau ? Comment est soulignée la sensualité de cette dernière ?
16. Quels éléments contribuent à créer une atmosphère exotique ?
17. Quels objets donnent l'impression du luxe ?
18. Montrez en quoi ce tableau mêle trois types de peintures : le nu, la nature morte et le paysage.

L'Odalisque à l'esclave (1843) de Jean-Auguste-Dominique Ingres (1780-1867).

TEXTE 10

Tentation

Suivent « deux années de délire » pendant lesquelles l'adolescent s'épuise à la poursuite de ses songes et de son amour imaginaire : « J'avais tous les symptômes d'une passion violente ; mes yeux se creusaient ; je maigrissais ; je ne dormais plus ; j'étais distrait, triste, ardent, farouche. Mes jours s'écoulaient d'une manière sauvage, bizarre, insensée, et pourtant pleine de délices. » Il passe ainsi de la plus intense exaltation au plus profond désespoir.

La Vallée-aux-Loups, novembre 1817.

Bientôt, ne pouvant plus rester dans ma tour, je descendais à travers les ténèbres, j'ouvrais furtivement la porte du perron comme un meurtrier, et j'allais errer dans le grand bois.
5 Après avoir marché à l'aventure, agitant mes mains, embrassant les vents qui m'échappaient ainsi que l'ombre, objet de mes poursuites, je m'appuyais contre le tronc d'un hêtre ; je regardais les corbeaux que je faisais envoler d'un arbre pour se poser sur un autre, ou la lune se traînant sur la cime dépouillée de la futaie : j'aurais voulu
10 habiter ce monde mort, qui réfléchissait la pâleur du sépulcre. Je ne sentais ni le froid, ni l'humidité de la nuit ; l'haleine glaciale de l'aube ne m'aurait pas même tiré du fond de mes pensées, si à cette heure la cloche du village ne s'était fait entendre.
Dans la plupart des villages de la Bretagne, c'est ordinairement à
15 la pointe du jour que l'on sonne pour les trépassés. Cette sonnerie compose, de trois notes répétées, un petit air monotone, mélancolique et champêtre. Rien ne convenait mieux à mon âme malade et blessée, que d'être rendue aux tribulations[1] de l'existence par la cloche qui en annonçait la fin. Je me représentais le pâtre expiré dans sa

---

1. Épreuves, aventures pénibles.

Illustration pour les *Mémoires d'outre-tombe*.

cabane inconnue ensuite déposé dans un cimetière non moins ignoré. Qu'était-il venu faire sur la terre ? Moi-même, que faisais-je dans ce monde ? Puisqu'enfin je devais passer, ne valait-il pas mieux partir à la fraîcheur du matin, arriver de bonne heure, que d'achever le voyage sous le poids et pendant la chaleur du jour ? Le rouge du désir me montait au visage ; l'idée de n'être plus me saisissait le cœur à la façon d'une joie subite. Au temps des erreurs de ma jeunesse, j'ai souvent souhaité ne pas survivre au bonheur : il y avait dans le premier succès un degré de félicité qui me faisait aspirer à la destruction.

De plus en plus garrotté à mon fantôme[2], ne pouvant jouir de ce qui n'existait pas, j'étais comme ces hommes mutilés qui rêvent des béatitudes pour eux insaisissables, et qui se créent un songe dont les plaisirs égalent les tortures de l'enfer. J'avais en outre le pressentiment des misères de mes futures destinées : ingénieux à me forger des souffrances, je m'étais placé entre deux désespoirs ; quelquefois je ne me croyais qu'un être nul, incapable de s'élever au-dessus du vulgaire ; quelquefois il me semblait sentir en moi des qualités qui ne seraient jamais appréciées. Un secret instinct m'avertissait qu'en avançant dans le monde, je ne trouverais rien de ce que je cherchais.

Tout nourrissait l'amertume de mes dégoûts : Lucile était malheureuse ; ma mère ne me consolait pas ; mon père me faisait éprouver les affres[3] de la vie. Sa morosité augmentait avec l'âge ; la vieillesse raidissait son âme comme son corps ; il m'épiait sans cesse pour me gourmander[4]. Lorsque je revenais de mes courses sauvages et que je l'apercevais assis sur le perron, on m'aurait plutôt tué que de me faire rentrer au château. Ce n'était néanmoins que différer mon supplice : obligé de paraître au souper, je m'asseyais tout interdit sur le coin de ma chaise, mes joues battues de la pluie, ma chevelure en désordre. Sous les regards de mon père, je demeurais immobile et la sueur couvrait mon front : la dernière lueur de la raison m'échappa.

Me voici arrivé à un moment où j'ai besoin de quelque force pour confesser ma faiblesse. L'homme qui attente à ses jours montre moins la vigueur de son âme que la défaillance de sa nature.

---

2. Attaché, lié à sa Sylphide (voir texte 9). **3.** Tourments, tortures. **4.** Réprimander.

Je possédais un fusil de chasse dont la détente usée partait souvent au repos. Je chargeai ce fusil de trois balles, et je me rendis dans un endroit écarté du grand Mail. J'armai le fusil, j'introduisis le bout du canon dans ma bouche, je frappai la crosse contre terre ; je réitérai plusieurs fois l'épreuve : le coup ne partit pas ; l'apparition d'un garde suspendit ma résolution. Fataliste sans le vouloir et sans le savoir, je supposai que mon heure n'était pas arrivée, et je remis à un autre jour l'exécution de mon projet. Si je m'étais tué, tout ce que j'ai été s'ensevelissait avec moi ; on ne saurait rien de l'histoire qui m'aurait conduit à ma catastrophe ; j'aurais grossi la foule des infortunés sans nom, je ne me serais pas fait suivre à la trace de mes chagrins comme un blessé à la trace de son sang.

Ceux qui seraient troublés par ces peintures et tentés d'imiter ces folies, ceux qui s'attacheraient à ma mémoire par mes chimères, se doivent souvenir qu'ils n'entendent que la voix d'un mort. Lecteur, que je ne connaîtrai jamais, rien n'est demeuré : il ne reste de moi que ce que je suis entre les mains du Dieu vivant qui m'a jugé.

Extrait du livre III, chapitre 14.

Une maladie opportune va arracher l'adolescent à ses tourments. Quelques mois plus tard, il rejoint sur ordre de son père le régiment de Navarre comme sous-lieutenant. Ce départ est une rupture définitive avec tout un pan de sa jeunesse : son père meurt un mois plus tard et Chateaubriand ne reverra que trois fois Combourg, le château désert et ses bois à l'abandon.

Repérer et comprendre le texte

La tentation du néant
1. Quel est le thème dominant de ce texte ? Relevez les mots appartenant à ce champ lexical (l. 4 à 28).
2. Quelle est la tentation de l'adolescent ? Relevez dans les deuxième et troisième paragraphes des expressions qui la précisent. Dans quel paragraphe y cède-t-il ? Qu'est-ce qui l'empêche d'aller jusqu'au bout de son geste ?
3. Comment comprenez-vous les lignes 22 à 24 ? Quelle figure de style reconnaissez-vous ?

Le mal de vivre
4. Montrez en quoi la nature favorise les pensées funèbres de l'adolescent. Quel élément sonore vient les accroître ?
5. Quels sentiments et quelles réflexions mènent le jeune homme au désir d'en finir (troisième et quatrième paragraphes) ?
6. Quel rôle joue l'environnement familial dans ce désespoir (cinquième paragraphe) ?
7. Relevez des mots qui expriment l'intensité de l'émotion. Comment se traduit le profond malaise de l'adolescent ?

Étudier un genre : l'autobiographie

Le temps de l'histoire et le temps de l'énonciation
8. Distinguer les passages qui renvoient au temps de l'histoire et ceux qui renvoient au temps de l'énonciation. Relisez les lignes 21 à 24 et 67 à 69 : qui parle ? (Qui est l'énonciateur ?) À qui est destiné chacun de ces propos ? (Qui est l'énonciataire ?)
9. Quel est le rôle des conditionnels dans le texte ? En quoi contribuent-ils à rendre plus dense l'épaisseur temporelle ?

La voix narrative
10. Quel jugement le narrateur adulte porte-t-il sur cet épisode de sa vie ? Citez le texte.
11. Quel est le rôle du dernier paragraphe du texte ? Qu'a-t-il d'émouvant ? En quoi justifie-t-il le titre de l'œuvre ?

Se documenter

Le « mal du siècle »

Les *Mémoires d'outre-tombe* se font l'écho d'un malaise profond devant l'existence qui touche le narrateur à tous les âges de la vie. Cette éternelle mélancolie prend sa source dès l'enfance dans le sentiment d'être différent des autres : l'incompréhension ou la distance condamnent à une solitude douloureuse mais qui est revendiquée en même temps comme la marque d'un caractère hors du commun.

C'est surtout l'ennui qui est la marque de cette difficulté à vivre : « Tout me lasse : je remorque avec peine mon ennui avec mes jours et je vais partout bâillant ma vie ». Cet ennui incommensurable qui ronge la vie naît du sentiment de l'inutilité des actions, soit parce qu'elles sont impuissantes à réaliser les rêves de l'adolescence, soit parce que l'adulte refuse le jeu d'une société qu'il juge vain et superficiel. L'indifférence envers toute chose est donc une arme face au vide de l'existence, mais elle cède souvent la place à l'angoisse devant l'écoulement du temps : conscient de l'approche inéluctable de la mort et de l'absurdité de toute activité humaine, usé et désabusé, le narrateur paraît souvent plus vieux qu'il n'est en réalité (voir texte 6, p. 40).

Cette insatisfaction devant la réalité décevante est d'autant plus aiguë que l'être est épris d'absolu, veut croire au bonheur, aspire à l'éternité : cette soif d'idéal est visible dans une sensibilité exacerbée et une imagination dévorante : l'être cherche à trouver l'apaisement dans la nature consolatrice (voir p. 59) ou à assouvir ses passions dans les fantasmagories du rêve (voir texte 9, p. 60). Mais le retour à la réalité est d'autant plus douloureux : comme une ultime échappatoire à l'étouffement vient alors, pour l'adolescent, la tentation du suicide. Le narrateur adulte trouvera quant à lui dans l'écriture une solution à son désespoir.

Ce sentiment d'enfermement dans un monde trop étroit, ce désir éperdu d'idéal, communs aux personnages des romans de Chateaubriand et au narrateur des *Mémoires*, se retrouveront chez les jeunes héros de la littérature romantique mais aussi, bien plus tard, dans les œuvres de Baudelaire et des « poètes maudits » : c'est cette difficulté à vivre qu'on qualifiera à juste titre de « mal du siècle ».

TEXTE 11

Madame Rose

« Je m'avançai sur la terre inconnue : le monde était tout devant moi » : tel est le sentiment à la fois angoissant et exaltant qui submerge l'adolescent tandis qu'il s'achemine vers Paris, où il doit retrouver son frère et sa sœur Julie, avant de rejoindre son régiment.

Berlin, mars 1821.

Vous m'avez laissé sur le chemin de Combourg à Rennes : je débarquai dans cette dernière ville chez un de mes parents. Il m'annonça tout joyeux, qu'une dame de sa connaissance, allant à Paris, avait une
5 place à donner dans sa voiture, et qu'il se faisait fort de déterminer cette dame à me prendre avec elle. J'acceptai, en maudissant la courtoisie de mon parent. Il conclut l'affaire et me présenta bientôt à ma compagne de voyage, marchande de modes, leste et désinvolte, qui se prit à rire en me regardant. À minuit les chevaux arrivèrent et
10 nous partîmes.

Me voilà dans une chaise de poste, seul avec une femme, au milieu de la nuit. Moi, qui de ma vie n'avais regardé une femme sans rougir, comment descendre de la hauteur de mes songes à cette effrayante vérité ? Je ne savais où j'étais ; je me collais dans l'angle de la voiture
15 de peur de toucher la robe de madame Rose. Lorsqu'elle me parlait, je balbutiais sans lui pouvoir répondre. Elle fut obligée de payer le postillon, de se charger de tout, car je n'étais capable de rien. Au lever du jour, elle regarda avec un nouvel ébahissement ce nigaud dont elle regrettait de s'être emberloquée[1].
20 Dès que l'aspect du paysage commença de changer et que je ne reconnus plus l'habillement et l'accent des paysans bretons, je tom-

---
1. S'emberloquer : s'embarrasser de (quelqu'un ou quelque chose).

bai dans un abattement profond, ce qui augmenta le mépris que madame Rose avait de moi. Je m'aperçus du sentiment que j'inspirais, et je reçus de ce premier essai du monde une impression que le temps n'a pas complètement effacée. J'étais né sauvage et non vergogneux[2], j'avais la modestie de mes années, je n'en avais pas l'embarras. Quand je devinai que j'étais ridicule par mon bon côté, ma sauvagerie se changea en une timidité insurmontable. Je ne pouvais plus dire un mot : je sentais que j'avais quelque chose à cacher, et que ce quelque chose était une vertu ; je pris le parti de me cacher moi-même pour porter en paix mon innocence.

Nous avancions vers Paris. À la descente de Saint-Cyr, je fus frappé de la grandeur des chemins et de la régularité des plantations. Bientôt nous atteignîmes Versailles : l'orangerie et ses escaliers de marbre m'émerveillèrent. Les succès de la guerre d'Amérique avaient ramené des triomphes au château de Louis XIV ; la reine y régnait dans l'éclat de la jeunesse et de la beauté ; le trône, si près de sa chute, semblait n'avoir jamais été plus solide. Et moi, passant obscur, je devais survivre à cette pompe, je devais demeurer pour voir les bois de Trianon aussi déserts que ceux dont je sortais alors.

Enfin, nous entrâmes dans Paris. Je trouvais à tous les visages un air goguenard : comme le gentilhomme périgourdin[3], je croyais qu'on me regardait pour se moquer de moi. Madame Rose se fit conduire rue du Mail, à l'*Hôtel de l'Europe*, et s'empressa de se débarrasser de son imbécile. À peine étais-je descendu de voiture, qu'elle dit au portier : « Donnez une chambre à ce monsieur. » – « Votre servante », ajouta-t-elle, en me faisant une révérence courte. Je n'ai de mes jours revu madame Rose. [...]

Une femme monta devant moi un escalier noir et raide, tenant une clef étiquetée à la main ; un Savoyard me suivit portant ma petite malle. Arrivée au troisième étage, la servante ouvrit une chambre ; le Savoyard posa la malle en travers sur les bras d'un fauteuil. La servante me dit : « Monsieur veut-il quelque chose ? » Je répondis : « Non. » Trois coups de sifflet partirent ; la servante cria : « On y va ! », sortit

---

2. Honteux.   **3.** Allusion à M. de Pourceaugnac, personnage de Molière.

brusquement, ferma la porte et dégringola l'escalier avec le Savoyard. Quand je me vis seul enfermé, mon cœur se serra d'une si étrange sorte qu'il s'en fallut peu que je ne reprisse le chemin de la Bretagne. Tout ce que j'avais entendu dire de Paris me revenait dans l'esprit; j'étais embarrassé de cent manières. Je m'aurais voulu coucher et le lit n'était point fait; j'avais faim et je ne savais comment dîner. Je craignais de manquer aux usages: fallait-il appeler les gens de l'hôtel? fallait-il descendre? à qui m'adresser? Je me hasardai à mettre la tête à la fenêtre: je n'aperçus qu'une petite cour intérieure profonde comme un puits, où passaient et repassaient des gens qui ne songeaient de leur vie au prisonnier du troisième étage. Je vins me rasseoir auprès de la sale alcôve⁴ où je me devais coucher, réduit à contempler les personnages du papier peint qui en tapissait l'intérieur. Un bruit lointain de voix se fait entendre, augmente, approche; ma porte s'ouvre: entrent mon frère et un de mes cousins, fils d'une sœur de ma mère qui avait fait un assez mauvais mariage. Madame Rose avait pourtant eu pitié du benêt, elle avait fait dire à mon frère, dont elle avait su l'adresse à Rennes, que j'étais arrivé à Paris.

Extraits du livre IV, chapitres 1 et 2.

---

4. Renfoncement où se trouve un lit.

Repérer et comprendre

Le discours narratif

1. a. Qu'est-ce qui fait de ce texte un récit ? Pour répondre, appuyez-vous sur les temps verbaux et sur les indications temporelles.
b. Relevez les indications de lieu. Quelles sont les différentes étapes du voyage ?
2. Les personnages :
a. Relevez les mots et les expressions qui désignent et qui caractérisent Madame Rose dans le premier paragraphe. Précisez le sens des adjectifs.
b. Quels autres personnages sont présents ou évoqués ?
c. Analysez les relations entre les personnages :
– Quels sentiments le jeune homme inspire-t-il à la voyageuse ? Pour répondre, relevez trois termes qui désignent le narrateur selon le point de vue de Madame Rose. Sont-ils valorisants ou dévalorisants ?
– Le narrateur est-il en position de supériorité ou d'infériorité par rapport aux autres personnages ? Pourquoi ?

Étudier un genre : l'autobiographie

L'autobiographie et l'Histoire
3. Dans quel passage le narrateur inscrit-il sa propre histoire dans l'Histoire ? À quels personnages, à quels événements historiques fait-il allusion ?

L'écriture de soi : analyse, distanciation, enjeux
4. a. Quels sont les sentiments successifs du jeune homme au fur et à mesure qu'il s'éloigne des lieux de son enfance (l. 20 à 48) ? En quoi s'apparente-t-il au héros du roman d'apprentissage (voir p. 75) ?
b. Quelles sont les raisons de son embarras ? Relevez les expressions et les formes de phrases qui traduisent sa gêne (l. 11 à 19 ; l. 49 à 67).
c. Le jeune homme est-il présenté comme un personnage actif ou passif ? Quels traits de son caractère apparaissent dans ce passage ? Justifiez votre réponse en citant des expressions du texte.
5. Quel regard le narrateur porte-t-il sur son attitude passée ? Justifiez votre réponse en vous appuyant sur des éléments du texte.

6. En quoi cet épisode est-il déterminant pour l'avenir ? Quels seront les rapports du jeune homme avec « le monde » ? Quelle phrase l'indique ?

S'exprimer

7. Vous vous êtes vous aussi trouvé(e) dans une situation embarrassante, au milieu de personnes inconnues.
a. Racontez en vous efforçant de présenter les faits avec humour.
b. Transformez votre récit en un sketch que vous jouerez avec vos camarades devant la classe.
8. Pensez-vous qu'il est difficile d'être soi-même dans un groupe ? Expliquez pourquoi en illustrant vos arguments d'exemples précis.

Se documenter

Le roman d'apprentissage

Le roman d'apprentissage est un genre romanesque qui met en scène les aventures d'un jeune héros au moment du passage délicat de l'adolescence à l'âge adulte. Les péripéties qu'on y rencontre habituellement sont de celles qui permettent au personnage de devenir peu à peu indépendant et lucide :
– voyages, où le personnage principal perd les points de repère de son enfance, et qui sont source d'angoisses et de regrets mais aussi occasion de découvertes enthousiastes ;
– rencontres de nombreux personnages qui font figure d'initiateurs du jeune novice : aidé ou manipulé par eux, le héros fait l'expérience des rapports sociaux, de l'amour, du pouvoir, de l'argent ; les règles, les valeurs, les préjugés de la société lui sont progressivement révélés.

Ainsi le jeune naïf perd son innocence pour porter un œil clairvoyant sur le jeu social, qu'il y prenne part avec cynisme ou résignation, ou qu'il choisisse de le rejeter et de fuir. Parce qu'il donne une place capitale à l'époque de l'enfance et de l'adolescence, temps de la formation de la personnalité et de la découverte du monde, le récit autobiographique prend souvent les aspects d'un roman d'apprentissage. De nombreux épisodes des *Mémoires d'outre-tombe* présentent des aspects de ce genre romanesque.

TEXTE 12
À la cour

Le 18 février 1817, poussé par son frère, Chateaubriand est reçu à Versailles et présenté au roi Louis XVI.

Berlin, mars 1821.

Lorsqu'on annonça le lever du Roi, les personnes non présentées se retirèrent ; je sentis un mouvement de vanité : je n'étais pas fier de rester, j'aurais été humilié de sortir. La chambre à coucher du Roi s'ouvrit : je vis le Roi, selon l'usage, achever sa toilette, c'est-à-dire prendre son chapeau de la main du premier gentilhomme de service. Le Roi s'avança allant à la messe ; je m'inclinai ; le maréchal de Duras me nomma : « Sire, le chevalier de Chateaubriand. » Le Roi me regarda, me rendit mon salut, hésita, eut l'air de vouloir s'arrêter pour m'adresser la parole. J'aurais répondu d'une contenance assurée : ma timidité s'était évanouie. Parler au général de l'armée, au chef de l'État, me paraissait tout simple, sans que je me rendisse compte de ce que j'éprouvais. Le Roi plus embarrassé que moi, ne trouvant rien à me dire, passa outre. Vanité des destinées humaines ! Ce souverain que je voyais pour la première fois, ce monarque si puissant était Louis XVI à six ans de son échafaud ! [...]

Nous courûmes à la galerie[1] pour nous trouver sur le passage de la Reine lorsqu'elle reviendrait de la chapelle. Elle se montra bientôt entourée d'un radieux et nombreux cortège ; elle nous fit une noble révérence ; elle semblait enchantée de la vie. Et ces belles mains qui soutenaient alors avec tant de grâce le sceptre de tant de rois, devaient, avant d'être liées par le bourreau, ravauder les haillons de la veuve, prisonnière à la Conciergerie[2]. [...]

---

1. La Galerie des Glaces.   **2.** Prison pendant la Révolution.

Le duc de Coigny me fit prévenir que je chasserais avec le Roi dans la forêt de Saint-Germain. Je m'acheminai de grand matin vers mon supplice, en uniforme de *débutant*, habit gris, veste et culotte rouges, manchettes de bottes, bottes à l'écuyère, couteau de chasse au côté, petit chapeau français à galon d'or. Nous nous trouvâmes quatre *débutants* au château de Versailles, moi, les deux messieurs de Saint-Marsault et le comte d'Hautefeuille. Le duc de Coigny nous donna nos instructions : il nous avisa de ne pas couper la chasse, le Roi s'emportant lorsqu'on passait entre lui et la bête. Le duc de Coigny portait un nom fatal à la reine[3]. Le rendez-vous était au Val, dans la forêt de Saint-Germain, domaine engagé par la couronne au maréchal de Beauvau. L'usage voulait que les chevaux de la première chasse à laquelle assistaient les hommes présentés fussent fournis des écuries du Roi.

On bat aux champs : mouvement d'armes, voix de commandement. On crie : *le Roi !* Le Roi sort, monte dans son carrosse : nous roulons dans les carrosses à la suite. Il y avait loin de cette course et de cette chasse avec le roi de France à mes courses et à mes chasses dans les landes de la Bretagne ; et plus loin encore, à mes courses et à mes chasses avec les sauvages de l'Amérique : ma vie devait être remplie de ces contrastes.

Nous arrivâmes au point de ralliement, où de nombreux chevaux de selle, tenus en main sous les arbres, témoignaient leur impatience. Les carrosses arrêtés dans la forêt avec les gardes ; les groupes d'hommes et de femmes ; les meutes à peine contenues par les piqueurs[4], les aboiements des chiens, le hennissement des chevaux, le bruit des cors, formaient une scène très animée. Les chasses de nos rois rappelaient à la fois les anciennes et les nouvelles mœurs de la monarchie, les rudes passe-temps de Clodion, de Chilpéric, de Dagobert, la galanterie de François Ier, de Henri IV et de Louis XIV.

J'étais trop plein de mes lectures pour ne pas voir partout des comtesses de Chateaubriand, des duchesses d'Étampes, des Gabrielle

---

3. Un des intimes de Marie-Antoinette, très impopulaire.
4. Valets chargés des chiens de chasse.

Hallali d'un cerf dans la forêt de Chantilly.

d'Estrées, des La Vallière, des Montespan⁵. Mon imagination prit cette chasse historiquement, et je me sentis à l'aise : j'étais d'ailleurs dans une forêt, j'étais chez moi.

Au descendu des carrosses, je présentai mon billet aux piqueurs. On m'avait destiné une jument appelée *l'Heureuse*, bête légère, mais sans bouche⁶, ombrageuse et pleine de caprices ; assez vive image de ma fortune, qui chauvit⁷ sans cesse des oreilles. Le Roi mis en selle partit ; la chasse le suivit, prenant diverses routes. Je restai derrière à me débattre avec *l'Heureuse*, qui ne voulait pas se laisser enfourcher par son nouveau maître ; je finis cependant par m'élancer sur son dos : la chasse était déjà loin.

Je maîtrisai d'abord assez bien *l'Heureuse* ; forcée de raccourcir son galop, elle baissait le cou, secouait le mors blanchi d'écume, s'avançait de travers à petit bonds ; mais lorsqu'elle approcha du lieu de l'action, il n'y eut plus moyen de la retenir. Elle allonge le chanfrein, m'abat la

---

5. Noms de célèbres maîtresses des trois rois précédemment cités.
6. Insensible au mors et donc difficile à conduire.
7. Qui dresse les oreilles comme un cheval inquiet.

main sur le garrot, vient au grand galop donner dans une troupe de chasseurs, écartant tout sur son passage, ne s'arrêtant qu'au heurt du cheval d'une femme qu'elle faillit culbuter, au milieu des éclats de rire des uns, des cris de frayeur des autres. Je fais aujourd'hui d'inutiles efforts pour me rappeler le nom de cette femme, qui reçut poliment mes excuses. Il ne fut plus question que de *l'aventure* du débutant.

Je n'étais pas au bout de mes épreuves. Environ une demi-heure après ma déconvenue, je chevauchais dans une longue percée à travers des parties de bois désertes : un pavillon s'élevait au bout : voilà que je me mis à songer à ces palais répandus dans les forêts de la couronne, en souvenir de l'origine des rois chevelus et de leurs mystérieux plaisirs : un coup de fusil part ; *l'Heureuse* tourne court, brosse tête baissée dans le fourré, et me porte juste à l'endroit où le chevreuil venait d'être abattu : le Roi paraît.

Je me souvins alors, mais trop tard, des injonctions du duc de Coigny : la maudite *Heureuse* avait tout fait. Je saute à terre, d'une main poussant en arrière ma cavale, de l'autre tenant mon chapeau bas. Le Roi regarde, et ne voit qu'un débutant arrivé avant lui aux fins de la bête : il avait besoin de parler : au lieu de s'emporter, il me dit avec un ton de bonhomie et un gros rire : « Il n'a pas tenu longtemps. » C'est le seul mot que j'aie jamais obtenu de Louis XVI. On vint de toutes parts ; on fut étonner de me trouver *causant* avec le Roi. Le débutant Chateaubriand fit du bruit par ses deux *aventures* ; mais, comme il lui est toujours arrivé depuis, il ne sut profiter ni de la bonne ni de la mauvaise fortune.

Le Roi força trois autres chevreuils. Les débutants ne pouvant courre que la première bête, j'allai attendre au Val avec mes compagnons le retour de la chasse.

Le roi revint au Val ; il était gai et contait les accidents de la chasse. On reprit le chemin de Versailles. Nouveau désappointement pour mon frère : au lieu d'aller m'habiller pour me trouver au débotté, moment de triomphe et de faveur, je me jetai au fond de ma voiture et rentrai dans Paris plein de joie d'être délivré de mes honneurs et de mes maux. Je déclarai à mon frère que j'étais déterminé à retourner en Bretagne.

Content d'avoir fait connaître son nom, espérant amener un jour à maturité, par sa présentation, ce qu'il y avait d'avorté dans la mienne, il ne s'opposa pas au départ d'un frère d'un esprit aussi biscornu. [...]

Pour en finir avec la cour, je dirai qu'après avoir revu la Bretagne
110 et m'être venu fixer à Paris avec mes sœurs cadettes, Lucile et Julie, je m'enfonçai plus que jamais dans mes habitudes solitaires. On me demandera ce que devint l'histoire de ma présentation. « Elle resta là. » – « Vous ne chassâtes donc plus avec le Roi ? » – « Pas plus qu'avec l'empereur de la Chine. » – « Vous ne retournâtes donc plus à
115 Versailles ? » – « J'allai deux fois jusqu'à Sèvres ; le cœur me faillit, et je revins à Paris. » – « Vous ne tirâtes donc aucun parti de votre position ? » – « Aucun. » – « Que faisiez-vous donc ? » – « Je m'ennuyais. » – « Ainsi, vous ne vous sentiez aucune ambition ? » – « Si fait : à force d'intrigues et de soucis, j'arrivai à la gloire d'insérer dans l'*Almanach*
120 *des Muses* une idylle[8] dont l'apparition me pensa tuer d'espérance et de crainte. J'aurais donné tous les carrosses du Roi pour avoir composé la romance : *Ô ma tendre musette !* ou : *De mon berger volage.* »

Propre à tout pour les autres, bon à rien pour moi : me voilà.

Extrait du livre IV, chapitre 9.

Entre Bretagne et Paris, Chateaubriand voit bientôt naître les premiers troubles de la Révolution. Le 14 juillet 1789, il assiste à la prise de la Bastille et voit passer sous ses fenêtres les premières têtes promenées sur les piques : « J'eus horreur des festins de cannibales, et l'idée de quitter la France pour quelque pays lointain germa dans mon esprit. »

---

8. Petit poème dont le titre était : « L'Amour de la campagne ».

Étudier un genre : l'autobiographie

L'autobiographie et l'Histoire

1. Quels sont des deux principaux événements du récit ? Dans quels lieux se déroulent-ils ?

2. Relevez tous les substituts du mot « roi » dans le premier paragraphe : quel aspect du personnage mettent-ils en lumière ?

3. Quels autres personnages appartiennent à la Cour ? Identifiez les nouveaux venus.

4. Quels autres personnages appartiennent au passé de la monarchie ? En quoi ce passé suscite-t-il l'imagination du jeune homme ? Citez le texte.

5. Relisez les lignes 87 à 95 : à qui renvoie successivement le pronom « il » ? Comment expliquez-vous son dernier emploi ? Justifiez l'utilisation de l'italique dans ce paragraphe.

L'écriture de soi

6. Quels aspects du caractère de Chateaubriand apparaissent au fil du récit ? Dans les lignes 106 à 123, relevez et expliquez les deux expressions qui présentent le point de vue du frère de Chateaubriand sur son cadet et le point de vue du narrateur sur lui-même.

7. Cette entrée dans le monde est-elle vécue comme une corvée ou comme un plaisir ? Citez le texte. À quel moment le jeune homme apparaît-il comme un novice ? De quelles expériences se sert-il néanmoins ?

8. Quelle peut être la visée de ce passage ?

Étudier les techniques d'écriture

Le discours narratif

9. Relevez tous les mots appartenant au champ lexical de la chasse et de l'équitation (l. 59 à 98).

10. Quel type de phrase est utilisé à plusieurs reprises dans les lignes 38 à 50 ? Quel est l'effet produit ?

11. Relevez les notations auditives (l. 38 à 76). Quel est leur rôle ?

12. Repérez les changements de rythme des phrases (l. 67 à 74 et l. 82 à 84). Quel est l'effet produit ?

Le dialogue fictif

13. a. Qui sont les interlocuteurs dans les lignes 112 à 122 ?

b. Analysez la structure des phrases, le choix du vocabulaire, les hyperboles (figure qui consiste à exagérer la réalité). Quel est l'effet produit ?
c. Quelle est la fonction de ce dialogue ?

Étudier un genre : les mémoires

14. Chateaubriand se fait chroniqueur de la vie de cour : de quelles traditions témoigne-t-il ? Relevez des expressions qui les font apparaître comme un rituel pointilleux.
15. Quel portrait esquisse-t-il du roi, de la reine et des courtisans ?
16. À quels événements historiques Chateaubriand fait-il allusion ?
17. Par quels procédés rend-il sensibles l'écoulement rapide du temps et les renversements de situation ? Quel est le sens de « vanité » (l. 14) ?

Enquêter

18. Retrouvez les principaux événements et les principaux acteurs de la Révolution française et présentez le résultat de vos recherches à vos camarades sous forme d'exposé.

S'exprimer

19. Faites la chronique d'un événement sportif en vous attachant à restituer l'animation de la scène par toutes sortes de procédés stylistiques (phrases nominales, énumérations, changements de rythmes, notations auditives, etc.).

Se documenter

Les mémoires
　Le mot « mémoires » désigne un récit autobiographique dans lequel le narrateur accorde plus de place aux événements historiques qu'à sa propre existence : la personnalité de l'écrivain n'est plus au centre de l'œuvre et bien souvent elle est réduite à un regard ; plus qu'un acteur du récit, l'auteur est un observateur, un témoin de son époque. Ainsi, au XVIIe siècle où le genre est très à la mode, les mémorialistes, comme La Rochefoucauld ou Saint-Simon, sont aussi des hommes qui participent activement à la vie publique.

L'ouvrage de Chateaubriand présente les caractéristiques des mémoires : il fait d'abord la chronique des événements qu'il a vécus : ainsi, nous assistons par ses yeux à la prise de la Bastille ou au retour du Roi à Paris, mais avec toutes les émotions nées de l'instant. Il esquisse le portrait des grands hommes du moment : Bonaparte, Mirabeau, Washington, dont il croise le chemin : de cette façon, il inclut son histoire personnelle dans l'Histoire.

Bien plus, les mémoires permettent de saisir combien les soubresauts d'une société influent sur le destin d'un homme : ballotté par les bouleversements révolutionnaires, tour à tour soldat malgré lui ou misérable émigré, Chateaubriand subit les transformations du monde contemporain ; mais il se montre aussi acteur de l'Histoire, ambassadeur entouré et sollicité ou homme politique décidant lucidement de sa carrière.

De fait, pour Chateaubriand, destin individuel et destin de l'humanité sont étroitement liés par leur commune fragilité : raconter sa propre existence comme réfléchir aux civilisations disparues de l'Antiquité, c'est toujours méditer sur la fuite du temps.

Louis XVI en tenue équestre.

TEXTE 13

Traversée de l'Océan

Encouragé par le ministre Malesherbes, le jeune homme décide de partir pour les États-Unis. Son voyage a un but scientifique : il se propose de découvrir un passage au nord-ouest de l'Amérique entre l'Atlantique et le Pacifique. Le 8 avril 1791, il embarque à Saint-Malo pour le Nouveau Monde.

Londres, d'avril à septembre 1822.

Il est difficile aux personnes qui n'ont jamais navigué, de se faire une idée des sentiments qu'on éprouve, lorsque du bord du vaisseau on n'aperçoit de toutes parts que la face sérieuse de l'abîme. Il y a
5 dans la vie périlleuse du marin une indépendance qui tient de l'absence de la terre ; on laisse sur le rivage les passions des hommes ; entre le monde que l'on quitte et celui que l'on cherche, on n'a pour amour et pour patrie que l'élément sur lequel on est porté : plus de devoirs à remplir, plus de visites à rendre, plus de journaux, plus de politique.
10 La langue même des matelots n'est pas la langue ordinaire : c'est une langue telle que la parlent l'océan et le ciel, le calme et la tempête. Vous habitez un univers d'eau parmi des créatures dont le vêtement, les goûts, les manières, le visage, ne ressemblent point aux peuples autochtones : elles ont la rudesse du loup marin et la légèreté de l'oiseau ;
15 on ne voit point sur leur front les soucis de la société ; les rides qui le traversent ressemblent aux plissures de la voile diminuée, et sont moins creusées par l'âge que par la bise, ainsi que dans les flots. La peau de ces créatures, imprégnée de sel, est rouge et rigide, comme la surface de l'écueil battu de la lame.
20 Les matelots se passionnent pour leur navire ; ils pleurent de regret en le quittant, de tendresse en le retrouvant. Ils ne peuvent rester dans leur famille ; après avoir juré cent fois qu'ils ne s'exposeront plus

à la mer, il leur est impossible de s'en passer, comme un jeune homme ne se peut arracher des bras d'une maîtresse orageuse et infidèle.

Dans les docks de Londres et de Plymouth, il n'est pas rare de trouver des *sailors*[1] nés sur des vaisseaux : depuis leur enfance jusqu'à leur vieillesse, ils ne sont jamais descendus au rivage ; ils n'ont vu la terre que du bord de leur berceau flottant, spectateurs du monde où ils ne sont point entrés. Dans cette vie réduite à un si petit espace, sous les nuages et sur les abîmes, tout s'anime pour le marinier : une ancre, une voile, un mât, un canon, sont des personnages qu'on affectionne et qui ont chacun leur histoire.

La voile fut déchirée sur la côte du Labrador ; le maître voilier lui mit la pièce que vous voyez.

L'ancre sauva le vaisseau quand il eut chassé sur ses autres ancres, au milieu des coraux des îles Sandwich.

Le mât fut rompu dans une bourrasque au cap de Bonne-Espérance ; il n'était que d'un seul jet ; il est beaucoup plus fort depuis qu'il est composé de deux pièces.

Le canon est le seul qui ne fut pas démonté au combat de la Chesapeake[2]. [...]

Dans l'épinette[3], il y a un coq favori et pour ainsi dire sacré, qui survit à tous les autres ; il est fameux pour avoir chanté pendant un combat, comme dans la cour d'une ferme au milieu de ses poules. Sous les ponts habite un chat : peau verdâtre zébrée, queue pelée, moustaches de crin, ferme sur ses pattes, opposant le contrepoids au tangage et le balancier au roulis ; il a fait deux fois le tour du monde et s'est sauvé d'un naufrage sur un tonneau. Les mousses donnent au coq du biscuit trempé dans du vin, et Matou a le privilège de dormir, quand il lui plaît, dans le witchoura[4] du second capitaine.

Le vieux matelot ressemble au vieux laboureur. Leurs moissons sont différentes, il est vrai : le matelot a mené une vie errante, le laboureur n'a jamais quitté son champ ; mais ils connaissent également les étoiles et prédisent l'avenir en creusant leurs sillons. À l'un,

---

1. Mot anglais : marin.
2. Baie où eut lieu une célèbre bataille pendant la guerre d'Indépendance américaine.
3. Cage en osier où l'on enferme les volailles.
4. Pardessus garni de fourrure.

l'alouette, le rouge-gorge, le rossignol ; à l'autre, la procellaria[5], le courlis, l'alcyon[6] – leurs prophètes. Ils se retirent le soir, celui-ci dans sa cabine, celui-là dans sa chaumière ; frêles demeures, où l'ouragan qui les ébranle n'agite point des consciences tranquilles. [...]

Le matelot ne sait où la mort le surprendra, à quel bord il laissera sa vie : peut-être, quand il aura mêlé au vent son dernier soupir, sera-t-il lancé au sein des flots, attaché sur deux avirons, pour continuer son voyage ; peut-être sera-t-il enterré dans un îlot désert que l'on ne retrouvera jamais, ainsi qu'il a dormi isolé dans son hamac, au milieu de l'océan.

Le vaisseau seul est un spectacle : sensible au plus léger mouvement du gouvernail, hippogriffe[7] ou coursier ailé, il obéit à la main du pilote, comme un cheval à la main d'un cavalier. L'élégance des mâts et des cordages, la légèreté des matelots qui voltigent sur les vergues, les différents aspects dans lesquels se présente le navire, soit qu'il vogue penché par un autan contraire, soit qu'il fuie droit devant un aquilon favorable, font de cette machine savante une des merveilles du génie de l'homme. Tantôt la lame et son écume brisent et rejaillissent contre la carène ; tantôt l'onde paisible se divise, sans résistance, devant la proue. Les pavillons, les flammes, les voiles achèvent la beauté de ce palais de Neptune : les plus basses voiles, déployées dans leur largeur, s'arrondissent comme de vastes cylindres ; les plus hautes, comprimées dans leur milieu, ressemblent aux mamelles d'une sirène. Animé d'un souffle impétueux, le navire, avec sa quille, comme avec le soc d'une charrue, laboure à grand bruit le champ des mers.

Sur ce chemin de l'océan, le long duquel on n'aperçoit ni arbres, ni villages, ni villes, ni tours, ni clochers, ni tombeaux ; sur cette route sans colonnes, sans pierres milliaires[8], qui n'a pour bornes que les vagues, pour relais que les vents, pour flambeaux que les astres, la plus belle des aventures, quand on n'est pas en quête de terres et de mers inconnues, est la rencontre de deux vaisseaux. On se découvre mutuellement à l'horizon avec la longue-vue ; on se dirige les uns vers les

---

5. Ou pétrel, oiseau palmipède de haute mer.
6. Hirondelle des mers de Chine et de Polynésie.
7. Animal fabuleux moitié cheval, moitié griffon.

8. Bornes qui indiquaient la distance d'un mille romain (mille pas = 1472,5 m).

autres. Les équipages et les passagers s'empressent sur le pont. Les deux bâtiments s'approchent, hissent leur pavillon, carguent à demi leurs voiles, se mettent en travers. Quand tout est silence, les deux capitaines, placés sur le gaillard d'arrière, se hèlent avec le porte-voix : « Le nom du navire ? De quel port ? Le nom du capitaine ? D'où vient-il ? Combien de jours de traversée ? La latitude et la longitude ? À Dieu vat ! On lâche les ris ; la voile retombe. Les matelots et les passagers des deux vaisseaux se regardent fuir, sans mot dire : les uns vont chercher le soleil d'Asie, les autres le soleil de l'Europe, qui les verront également mourir. Le temps emporte et sépare les voyageurs sur la terre, plus promptement encore que le vent ne les emporte et ne les sépare sur l'océan ; on se fait un signe de loin : *À Dieu vat !* Le port commun est l'Éternité. […]

Enveloppé de mon manteau, je me couchais la nuit sur le tillac. Mes regards contemplaient les étoiles au-dessus de ma tête. La voile enflée me renvoyait la fraîcheur de la brise qui me berçait sous le dôme céleste ; à demi assoupi et poussé par le vent, je changeais de ciel en changeant de rêve.

Les passagers, à bord d'un vaisseau, offrent une société différente de celle de l'équipage : ils appartiennent à un autre élément ; leurs destinées sont de la terre. Les uns courent chercher la fortune, les autres le repos ; ceux-là retournent à leur patrie, ceux-ci la quittent ; d'autres naviguent pour s'instruire des mœurs des peuples, pour étudier les sciences et les arts. On a le loisir de se connaître dans cette hôtellerie errante qui voyage avec le voyageur, d'apprendre maintes aventures, de concevoir des antipathies, de contracter des amitiés. Quand vont et viennent ces jeunes femmes nées du sang anglais et du sang indien, qui joignent à la beauté de Clarisse[9] la délicatesse de Sacontala, alors se forment des chaînes que nouent et dénouent les vents parfumés de Ceylan, douces comme eux, comme eux légères.

Extrait du livre VI, chapitre 2.

---

9. Allusion à *Clarissa Harlowe* (1748), roman de l'auteur anglais Richardson et Sacontala, héroïne d'un drame indien de Kâlidâsa (VIe siècle). Toutes deux sont célèbres pour leur beauté et leur vertu et symbolisent ici deux types de femme idéale.

Repérer et comprendre

La situation d'énonciation

1. Qui désignent les pronoms « on » aux lignes 2 à 9 et « vous » aux lignes 12 et 34 ?

2. Quel est le temps utilisé dans les lignes 33 à 37 ? Pourquoi n'est-ce pas le même que dans les trois premiers paragraphes ?

3. a. Dans quel paragraphe relevez-vous la présence du pronom « je » ?
b. Cet extrait est-il à dominante narrative ou autre ? Justifiez votre réponse.

Les comportements humains

4. a. Relevez les termes qui désignent les marins (l. 1 à 32). Justifiez l'emploi du mot « créatures » (l. 12 et 18).
b. Analysez les métaphores et les comparaisons dans ces mêmes lignes. En quoi les marins sont-ils des hommes à part ?

5. a. Quel regard les marins portent-ils sur les objets et les animaux du navire ? Citez le texte.
b. Quel rapport entretiennent-ils avec la mer ? Justifiez votre réponse.

6. a. Analysez la comparaison dans les lignes 51 à 58 : qu'ont en commun le marin et le laboureur ? En quoi sont-ils différents ? En quoi le parallélisme de construction souligne-t-il cette comparaison ?
b. Relevez une phrase qui reprend la même comparaison dans les lignes 65 à 79.

7. a. Relevez tous les mots qui appartiennent au champ lexical du bateau (l. 65 à 99) et cherchez le sens de ceux qui vous sont inconnus.
b. Dans le même paragraphe, relevez les expressions qui désignent le navire et analysez les comparaisons qui contribuent à le caractériser. Quel est l'effet produit ? Quelles images donnent au bateau une dimension fantastique ?

La prose poétique (voir p. 52)

8. a. De quelle opposition Chateaubriand joue-t-il dans les lignes 78 à 85 ? Quel est l'effet produit ?
b. Observez le rythme et les accents des lignes 80 à 85, des lignes 113 à 116 : en quoi contribuent-ils à créer une prose poétique ?

9. a. Quelles allitérations relevez-vous dans la dernière phrase du texte (l. 113 à 116) ? En quoi les sonorités des mots associées à leur sens contribuent-elles à produire un effet ?

b. Quelle figure de style vient clore la phrase ? À quel mètre emprunte-t-elle son rythme ?

La visée

10. Relevez les passages dans lesquels Chateaubriand fait du voyage une métaphore de la vie humaine. Sur quelles analogies le rapprochement entre le voyage et la vie est-il fondé ?

11. a. Relevez les derniers mots des paragraphes, lignes 59 à 99 : en quoi résument-ils les deux thèmes essentiels du passage ?
b. Quelle peut être la visée de cet extrait ?

S'exprimer

12. À votre tour, évoquez le charme des voyages en employant des comparaisons ou des métaphores et en jouant sur les sonorités des mots dans votre texte.

13. Certains noms de lieux suscitent la rêverie. Choisissez-en un en expliquant dans un court paragraphe ce qu'il évoque pour vous.

14. Enviez-vous la vie des marins telle que Chateaubriand la décrit dans cet extrait ? Pourquoi ? Engagez le débat avec vos camarades en illustrant vos arguments d'exemples précis.

15. Lisez à voix haute les deux derniers paragraphes du texte en vous efforçant de faire apparaître les différentes nuances de ton.

Se documenter

Le thème de la tempête

Le voyage de retour sera beaucoup moins serein et propice au rêve. Il offre néanmoins à Chateaubriand une nouvelle source d'inspiration sous la forme d'une violente tempête :

En mettant la tête hors de l'entrepont, je fus frappé d'un spectacle sublime. Le bâtiment avait essayé de virer de bord ; mais n'ayant pu y parvenir, il s'était affalé sous le vent. À la lueur de la lune écornée, qui émergeait des nuages pour s'y replonger aussitôt, on découvrait sur les deux bords du navire, à travers une brume jaune, des côtes hérissées de rochers. La mer boursouflait ses flots comme des monts dans le canal où nous nous trouvions engouffrés ; tantôt ils s'épanouissaient en écumes et en étincelles, tantôt ils n'offraient qu'une surface hui-

leuse et vitreuse, marbrée de taches noires, cuivrées, verdâtres, selon la couleur des bas-fonds sur lesquels ils mugissaient. Pendant deux ou trois minutes, les vagissements de l'abîme et ceux du vent étaient confondus; l'instant d'après, on distinguait le détaler des courants, le sifflement des récifs, la voix de la lame lointaine. De la concavité du bâtiment sortaient des bruits qui faisaient battre le cœur aux plus intrépides matelots. La proue du navire tranchait la masse épaisse des vagues avec un froissement affreux, et au gouvernail des torrents d'eau s'écoulaient en tourbillonnant, comme à l'échappée d'une écluse. Au milieu de ce fracas, rien n'était aussi alarmant qu'un certain murmure sourd, pareil à celui d'un vase qui se remplit.

Extrait du livre VIII, chapitre 7.

TEXTE 14

Chez les Indiens

Arrivé en Amérique, Chateaubriand remet à plus tard sa périlleuse expédition vers le monde polaire : il doit d'abord commencer à s'accoutumer à sa vie d'aventurier. D'Albany (voir carte p. 96), il part avec un guide à la rencontre des peuples indiens.

Londres, d'avril à septembre 1822.

Lorsque après avoir passé le Mohawk[1], j'entrai dans des bois qui n'avaient jamais été abattus, je fus pris d'une sorte d'ivresse d'indépendance : j'allais d'arbre en arbre, à gauche, à droite, me disant :
« Ici plus de chemins, plus de villes, plus de monarchie, plus de république, plus de présidents, plus de rois, plus d'hommes. » Et, pour essayer si j'étais rétabli dans mes droits originels, je me livrais à des actes de volonté qui faisaient enrager mon guide, lequel, dans son âme, me croyait fou.

Hélas ! Je me figurais être seul dans cette forêt, où je levais une tête si fière ! Tout à coup, je viens m'énaser[2] contre un hangar. Sous ce hangar s'offrent à mes yeux ébaudis[3] les premiers sauvages que j'aie vus de ma vie. Ils étaient une vingtaine, tant hommes que femmes, tous barbouillés comme des sorciers, le corps demi-nu, les oreilles découpées, des plumes de corbeau sur la tête et des anneaux passés dans les narines. Un petit Français, poudré et frisé, habit vert-pomme, veste de droguet, jabot et manchettes de mousseline, raclait un violon de poche, et faisait danser *Madelon Friquet*[4] à ces Iroquois. M. Violet (c'était son nom) était maître de danse chez les sauvages.

---

1. Fleuve près de la ville d'Albany (voir la carte p. 96).
2. M'aplatir le nez, me heurter.
3. Amusés, réjouis.
4. Chanson populaire.

On lui payait ses leçons en peaux de castors et en jambons d'ours. Il avait été marmiton au service du général Rochambeau, pendant la guerre d'Amérique. Demeuré à New York après le départ de notre armée, il se résolut d'enseigner les beaux-arts aux Américains. Ses vues s'étant agrandies avec le succès, le nouvel Orphée porta la civilisation jusque chez les hordes sauvages du Nouveau-Monde. En me parlant des Indiens, il me disait toujours : « Ces messieurs sauvages et ces dames sauvagesses ». Il se louait beaucoup de la légèreté de ses écoliers ; en effet, je n'ai jamais vu faire de telles gambades. M. Violet, tenant son petit violon entre son menton et sa poitrine, accordait l'instrument fatal ; il criait aux Iroquois : *À vos places !* Et toute la troupe sautait comme une bande de démons.

N'était-ce pas une chose accablante pour un disciple de Rousseau[5], que cette introduction à la vie sauvage par un bal que l'ancien marmiton du général Rochambeau donnait à des Iroquois ? J'avais grande envie de rire mais j'étais cruellement humilié.

J'achetai des Indiens un habillement complet : deux peaux d'ours, l'une pour demi-toge, l'autre pour lit. Je joignis, à mon nouvel accoutrement, la calotte de drap rouge à côtes, la casaque, la ceinture, la corne pour rappeler les chiens, la bandoulière des coureurs de bois. Mes cheveux flottaient sur mon cou découvert ; je portais la barbe longue : j'avais du sauvage, du chasseur et du missionnaire. On m'invita à une partie de chasse qui devait avoir lieu le lendemain, pour dépister un carcajou[6].

Cette race d'animaux est presque entièrement détruite dans le Canada, ainsi que celle des castors.

Nous nous embarquâmes avant le jour, pour remonter une rivière sortant du bois où l'on avait aperçu le carcajou. Nous étions une trentaine, tant Indiens que coureurs de bois américains et canadiens : une partie de la troupe côtoyait, avec les meutes, la marche de la flottille, et des femmes portaient nos vivres.

---

5. Jean-Jacques Rousseau (1712-1778) s'est intéressé à la vie de l'homme « naturel », à l'écart de toutes les avancées de la société qu'il juge nuisibles à l'homme.
6. Variété de blaireau.

Nous ne rencontrâmes pas le carcajou ; mais nous tuâmes des loups-cerviers et des rats musqués. Jadis les Indiens menaient un grand deuil, lorsqu'ils avaient immolé par mégarde, quelques-uns de ces derniers animaux, la femelle du rat musqué étant, comme chacun sait, la mère du genre humain.[...]

Des oiseaux de rivière et des poissons fournirent abondamment à notre table. On accoutume les chiens à plonger ; quand ils ne vont pas à la chasse ils vont à la pêche : ils se précipitent dans les fleuves et saisissent le poisson jusqu'au fond de l'eau. Un grand feu autour duquel nous nous placions, servait aux femmes pour les apprêts de notre repas.

Il fallait nous coucher horizontalement, le visage contre terre, pour nous mettre les yeux à l'abri de la fumée, dont le nuage, flottant au-dessus de nos têtes, nous garantissait tellement quellement[7] de la piqûre des maringouins[8].

M. Violet m'offrit ses lettres de créance pour les Onondagas, reste d'une des six nations iroquoises. J'arrivai d'abord au lac des Onondagas. Le Hollandais[9] choisit un lieu propre à établir notre camp : une rivière sortait du lac ; notre appareil fut dressé dans la courbe de cette rivière. Nous fichâmes en terre, à six pieds de distance l'un de l'autre, deux piquets fourchus, nous suspendîmes horizontalement dans l'endentement[10] de ces piquets une longue perche. Des écorces de bouleau, un bout appuyé sur le sol, l'autre sur la gaule transversale formèrent le toit incliné de notre palais. Nos selles devaient nous servir d'oreillers et nos manteaux de couvertures.[...]

Le jeune homme porte aussi un grand intérêt aux anciennes coutumes indiennes.

La naissance et la mort ont le moins perdu des usages indiens, parce qu'elles ne s'en vont point à la vanvole[11] comme la partie de la vie qui les sépare ; elles ne sont point choses de mode qui passent. On

---

7. Tant bien que mal.
8. Moustiques.
9. Le guide de Chateaubriand.
10. Partie découpée en forme de dents.
11. Au hasard, à la légère.

confère encore au nouveau-né, afin de l'honorer, le nom le plus ancien sous son toit, celui de son aïeule, par exemple : car les noms sont toujours pris dans la lignée maternelle. Dès ce moment, l'enfant occupe la place de la femme, dont il a recueilli le nom : on lui donne, en lui parlant, le degré de parenté que ce nom fait revivre ; ainsi, un oncle peut saluer un neveu du titre de grand-mère. Cette coutume, en apparence risible, est néanmoins touchante. Elle ressuscite les vieux décédés ; elle reproduit dans la faiblesse des premiers ans la faiblesse des derniers ; elle rapproche les extrémités de la vie, le commencement et la fin de la famille ; elle communique une espèce d'immortalité aux ancêtres et les suppose présents au milieu de leur postérité.

En ce qui regarde les morts, il est aisé de trouver les motifs de l'attachement du sauvage à de saintes reliques. Les nations civilisées ont, pour conserver les souvenirs de leur patrie, les mnémoniques[12] des lettres et des arts ; elles ont des cités, des palais, des tours, des colonnes, des obélisques ; elles ont la trace de la charrue dans les champs jadis cultivés ; les noms sont entaillés dans l'airain et le marbre, les actions consignées dans les chroniques.

Rien de tout cela aux peuples de la solitude : leur nom n'est point écrit sur les arbres ; leur hutte, bâtie en quelques heures, disparaît en quelques instants ; la crosse de leur labour ne fait qu'effleurer la terre, et n'a pu même élever un sillon. Leurs chansons traditionnelles périssent avec la dernière mémoire qui les retient, s'évanouissent avec la dernière voix qui les répète. Les tribus du Nouveau-Monde n'ont donc qu'un seul monument : la tombe. Enlevez à des sauvages les os de leurs pères, vous leur enlevez leur histoire, leurs lois, et jusqu'à leurs dieux ; vous ravissez à ces hommes, parmi les générations futures la preuve de leur existence comme celle de leur néant.

Extraits du livre VII, chapitres 2, 3, 4 et 9.

---

12. Moyens destinés à aider la mémoire.

Repérer et comprendre

La découverte d'un autre monde

1. « J'avais du sauvage, du chasseur et du missionnaire » (l. 41) : justifiez cette remarque en notant les détails du costume.
2. Relevez le lexique qui souligne le dépaysement (l. 41 à 52).
3. Quelles nouvelles façons de vivre le jeune homme expérimente-t-il ?
4. Quels sont les différents thèmes évoqués de la ligne 36 à la ligne 75 ? En quoi ce passage s'apparente-t-il à des notes prises sur le vif ?
5. a. Quelles coutumes le narrateur a-t-il choisi d'évoquer (l. 76 à 106) ? Mettez en évidence la construction logique du passage.
b. Pourquoi la première coutume évoquée est-elle « en apparence risible et néanmoins touchante » (l. 84 et 85) ?
c. Quels types de société Chateaubriand différencie-t-il dans les deuxième et troisième paragraphes ? En quoi sont-elles opposées ?

Étudier un genre : l'autobiographie

La distance narrative

6. a. À qui renvoient les expressions « le nouvel Orphée » (l. 24) ; « un disciple de Rousseau » (l. 32) ? Expliquez-les. **b.** Montrez que tous les personnages de la scène sont présentés de façon humoristique.
7. Relevez les expressions qui soulignent la cohabitation entre deux mondes opposés. Quels sont les effets produits par cette rencontre inattendue ?
8. Quelles sont les réactions successives du narrateur ?

Enquêter

9. Documentez-vous sur le mythe du « bon sauvage » dans la littérature du XVIIIe siècle. Quels écrivains se sont intéressés à l'homme « à l'état de nature » ? Quelles caractéristiques lui ont-ils attribuées ?
10. Constituez un dossier sur l'histoire des Indiens d'Amérique. Que subsiste-t-il de leurs peuples et de leurs coutumes aujourd'hui ?

S'exprimer

11. Attribuez-vous de l'importance aux coutumes et aux traditions de votre famille ou de votre région ? Expliquez pourquoi.

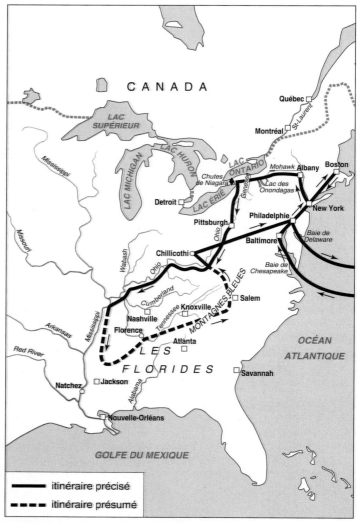

Lieux et itinéraire du voyage de Chateaubriand en Amérique évoqués dans les *Mémoires d'outre-tombe*.

TEXTE 15

Les Floridiennes

Après avoir reçu l'hospitalité des Onondagas, un peuple iroquois, et admiré la cataracte du Niagara, Chateaubriand s'associe avec des trafiquants pour descendre l'Ohio vers la vaste contrée connue alors sous le terme général de «Florides». Des Indiens creeks débarquent un jour auprès d'eux. C'est l'occasion pour le jeune homme de nouer une enivrante idylle.

Londres, d'avril à septembre 1822.

Les Indiennes qui débarquèrent auprès de nous, issues d'un sang mêlé de chéroki et de castillan, avaient la taille élevée. Deux d'entre elles ressemblaient à des créoles de Saint-Domingue et de l'Ile-de-France[1], mais jaunes et délicates comme des femmes du Gange[2]. [...]
Il y avait quelque chose d'indéfinissable dans ce visage ovale, dans ce teint ombré que l'on croyait voir à travers une fumée orangée et légère, dans ces cheveux si noirs et si doux, dans ces yeux si longs, à demi cachés sous le voile de deux paupières satinées qui s'entr'ouvraient avec lenteur; enfin, dans la double séduction de l'Indienne et de l'Espagnole. [...]
Les chasseurs étant partis pour les opérations de la journée, je restais avec les femmes et les enfants. Je ne quittais plus mes deux sylvaines[3] : l'une était fière, et l'autre triste. Je n'entendais pas un mot de ce qu'elles me disaient, elles ne me comprenaient pas ; mais j'allais chercher l'eau pour leur coupe, les sarments pour leur feu, les mousses pour leur lit. Elles portaient la jupe courte et les grosses manches tailladées à l'espagnole, le corset et le manteau indiens. Leurs jambes nues

---

1. L'île Maurice, aujourd'hui.
2. Fleuve de l'Inde.

3. Divinité des forêts, dans la mythologie romaine.

étaient losangées de dentelles de bouleau. Elles nattaient leurs cheveux avec des bouquets ou des filaments de joncs ; elles se maillaient
de chaînes et de colliers de verre. À leurs oreilles pendaient des graines
empourprées ; elles avaient une jolie perruche qui parlait : oiseau
d'Armide[4] ; elles l'agrafaient à leur épaule en guise d'émeraude, ou la
portaient chaperonnée sur la main comme les grandes dames du dixième
siècle portaient l'épervier. Pour s'affermir le sein et les bras, elles se
frottaient avec l'apoya[5] ou souchet d'Amérique. Au Bengale, les baya-
dères[6] mâchent le bétel[7], et dans le Levant, les almées[6] sucent le mas-
tic de Chio ; les Floridiennes broyaient, sous leurs dents d'un blanc
azuré, des larmes de *liquidambar*[5] et des racines de *libanis*[5], qui mêlaient
la fragrance de l'angélique, du cédrat et de la vanille. Elles vivaient
dans une atmosphère de parfums émanés d'elles, comme des orangers
et des fleurs dans les pures effluences de leur feuille et de leur calice.
Je m'amusais à mettre sur leur tête quelque parure : elles se soumet-
taient, doucement effrayées ; magiciennes, elles croyaient que je leur
faisais un charme. L'une d'elles, la fière, priait souvent ; elle me paraissait demi-chrétienne. L'autre chantait avec une voix de velours, poussant à la fin de chaque phrase musicale un cri qui troublait. Quelquefois,
elles se parlaient vivement : je croyais démêler des accents de jalousie, mais la triste pleurait, et le silence revenait. [...]

On fit une partie de pêche. Le soleil approchait de son couchant.
Sur le premier plan paraissaient des sassafras, des tulipiers, des catal-
pas et des chênes dont les rameaux étalaient des écheveaux de mousse
blanche. Derrière ce premier plan s'élevait le plus charmant des arbres,
le papayer qu'on eût pris pour un style d'argent ciselé, surmonté d'une
urne corinthienne. Au troisième plan dominaient les baumiers, les
magnolias et les liquidambars.

Le soleil tomba derrière ce rideau : un rayon glissant à travers le
dôme d'une futaie, scintillait comme une escarboucle enchâssée dans
le feuillage sombre ; la lumière divergeant entre les troncs et les

---

4. Personnage de magicienne, dans *La Jérusalem délivrée*, poème italien du Tasse.
5. Plantes ou arbustes odoriférants.
6. Danseuses orientales.
7. Variété de poivrier dont les feuilles ont des vertus tonifiantes.

Illustration pour les *Mémoires d'outre-tombe*.

LES FLORIDIENNES

branches, projetait sur les gazons des colonnes croissantes et des arabesques mobiles. En bas, c'étaient des lilas, des azaléas, des lianes annelées, aux gerbes gigantesques; en haut, des nuages, les uns fixes, promontoires ou vieilles tours, les autres flottants, fumées de rose ou cardées[8] de soie. Par des transformations successives, on voyait dans ces nues s'ouvrir des gueules de four, s'amonceler des tas de braise, couler des rivières de lave : tout était éclatant, radieux, doré, opulent, saturé de lumière. [...]

À notre droite étaient des ruines appartenant aux grandes fortifications trouvées sur l'Ohio[9], à notre gauche un ancien camp de sauvages ; l'île où nous étions, arrêtée dans l'onde et reproduite par un mirage, balançait devant nous sa double perspective. À l'orient, la lune reposait sur des collines lointaines ; à l'occident, la voûte du ciel était fondue en une mer de diamants et de saphirs, dans laquelle le soleil, à demi plongé, paraissait se dissoudre. Les animaux de la création veillaient ; la terre, en adoration, semblait encenser le ciel, et l'ambre exhalé de son sein retombait sur elle en rosée, comme la prière redescend sur celui qui prie.

Quitté de mes compagnes, je me reposai au bord d'un massif d'arbres : son obscurité, glacée de lumière, formait la pénombre où j'étais assis. Des mouches luisantes brillaient parmi les arbrisseaux encrêpés, et s'éclipsaient lorsqu'elles passaient dans les irradiations de la lune. On entendait le bruit du flux et reflux du lac, les sauts du poisson d'or, et le cri rare de la cane plongeuse. Mes yeux étaient fixés sur les eaux ; je déclinais peu à peu vers cette somnolence connue des hommes qui courent les chemins du monde : nul souvenir distinct ne me restait ; je me sentais vivre et végéter avec la nature dans une espèce de panthéisme[10]. Je m'adossai contre le tronc d'un magnolia et je m'endormis ; mon repos flottait sur un fond vague d'espérance.

Quand je sortis de ce Léthé[11], je me trouvai entre deux femmes ; les odalisques étaient revenues ; elles n'avaient pas voulu me réveiller ;

---

8. Écheveau, ensemble de fils.
9. Fleuve des États-Unis (voir carte p. 96).
10. Sentiment d'une présence divine dans tout ce qui existe.
11. Nom du fleuve de l'Oubli dans la mythologie grecque.

elles s'étaient assises en silence à mes côtés; soit qu'elles feignissent le sommeil, soit qu'elles fussent réellement assoupies, leurs têtes étaient tombées sur mes épaules.

Une brise traversa le bocage et nous inonda d'une pluie de roses de magnolia. Alors la plus jeune des Siminoles se mit à chanter: quiconque n'est pas sûr de sa vie se garde de l'exposer ainsi jamais! On ne peut savoir ce que c'est que la passion infiltrée avec la mélodie dans le sein d'un homme. À cette voix une voix rude et jalouse répondit: un Bois-brûlé[12] appelait les deux cousines; elles tressaillirent, se levèrent: l'aube commençait à poindre. [...]

Nous achevâmes au rivage notre navigation sans paroles. À midi, le camp fut levé pour examiner des chevaux que les Creeks voulaient vendre et les trafiquants acheter. Femmes et enfants, tous étaient convoqués comme témoins, selon la coutume, dans les marchés solennels. Les étalons de tous les âges et de tous les poils, les poulains et les juments avec des taureaux, des vaches et des génisses, commencèrent à fuir et à galoper autour de nous. Dans cette confusion, je fus séparé des Creeks. Un groupe épais de chevaux et d'hommes s'aggloméra à l'orée du bois. Tout à coup, j'aperçois de loin mes deux Floridiennes; des mains vigoureuses les asseyaient sur les croupes de deux barbes[13] que montaient à crû un *Bois-brûlé* et un Siminole. Ô Cid! que n'avais-je ta rapide Babieça[14] pour les rejoindre! Les cavales prennent leur course, l'immense escadron les suit. Les chevaux ruent, sautent, bondissent, hennissent au milieu des cornes des buffles et des taureaux, leurs soles[15] se choquent en l'air, leurs queues et leurs crinières volent sanglantes. Un tourbillon d'insectes dévorants enveloppe l'orbe de cette cavalerie sauvage. Mes Floridiennes disparaissent comme la fille de Cérès[16], enlevée par le dieu des enfers.

Voilà comme tout avorte dans mon histoire, comme il ne me reste que des images de ce qui a passé si vite: je descendrai aux Champs-

---

12. Nom donné aux métis nés « des colons et des Indiennes ».
13. Race de chevaux.
14. Nom de la jument du Cid, légendaire héros espagnol.
15. Partie cornée sous le sabot.
16. Allusion à l'enlèvement de Perséphone par Hadès (mythologie gréco-romaine).

Élysées[17] avec plus d'ombres qu'homme n'en a jamais emmené avec soi. La faute en est à mon organisation : je ne sais profiter d'aucune fortune.

Extraits du livre VIII, chapitres 3 et 4.

*Apprenant l'arrestation de Louis XVI à Varennes, Chateaubriand décide de rejoindre les troupes qui se réunissent pour défendre le roi. Il abrège donc son voyage mais emporte avec lui un morceau d'Amérique : le manuscrit d'*Atala*, son premier roman inspiré des paysages et des peuples du Nouveau Monde.*

Repérer et comprendre

Le discours descriptif

1. a. Quelle est la double origine des Indiennes ?
b. Relevez les expressions qui les caractérisent dans les deux premiers paragraphes : sont-elles valorisantes ? dévalorisantes ?
c. Quels sont les éléments de leur parure (l. 12 à 39) ? D'où proviennent-ils pour l'essentiel ? Comment prennent-elles soin de leur beauté ?
2. En vous aidant d'un dictionnaire, relevez les mots appartenant au champ lexical de l'odorat (l. 28 à 32). Quel est l'effet produit par cette évocation ? Quel autre sens est sollicité à la fin du paragraphe ?
3. Relevez les indications spatiales (l. 40 à 67). En quoi la description du paysage est-elle construite comme un tableau ?
4. a. Retrouvez les noms d'arbres ou de végétaux (l. 40 à 54). Quel procédé le narrateur utilise-t-il pour les évoquer ?
b. Relevez les notations d'éclairage (l. 40 à 73).
c. Analysez les comparaisons et les métaphores qui contribuent à caractériser le paysage.
d. Quel est l'effet produit par l'ensemble ?

La voix narrative

5. a. Quel paragraphe renvoie au moment de l'écriture ? À quels indices le voit-on ?

---

17. Partie du Royaume des Morts réservée aux âmes vertueuses (mythologie gréco-romaine).

b. Quel est le ton de ces lignes ? Justifiez votre réponse.
6. Quel aspect de lui-même le narrateur met-il en lumière ? En quoi cet épisode de sa vie l'illustre-t-il ?

Une prose poétique
7. a. Relevez quelques mots dont la simple évocation suffit à faire surgir des images séduisantes.
b. Relevez des exemples d'allitérations et d'homophonies dans les lignes 26 à 32. Quels sont les effets produits ?

Une nature paradisiaque
8. Relevez des phrases qui évoquent les premiers temps du monde.
9. a. Comment qualifieriez-vous l'état de bonheur éprouvé par le jeune homme à partir de la ligne 68 ? Quels éléments réunis font de cet instant un moment d'enchantement ?
b. À quel moment le rêve est-il brisé ? En quoi l'avant-dernier paragraphe s'oppose-t-il au paradis précédemment évoqué : rythme des phrases, champs lexicaux, sons, mouvements… ? Quelle est l'impression dominante ?

S'exprimer

10. Décrivez un paysage en montrant les modifications qui l'affectent au rythme de la journée ou des saisons. Vous vous attacherez à employer le procédé de l'énumération et vous varierez les notations sensorielles.

Créer

11. Avec l'aide de votre professeur d'arts plastiques ou en vous aidant de tableaux du Douanier Rousseau, représentez visuellement, par la peinture ou des collages, le paysage évoqué dans ce texte.

Étudier une image

12. Que signifie le titre du tableau ? Quels détails permettent d'identifier les personnages ?
13. Le paysage est-il semblable à celui décrit par Chateaubriand ? Pourquoi ? Quelle idée de la nature a voulu donner le peintre ?

14. Observez l'attitude et le visage des personnages : en quoi nous renseignent-ils sur ce qui vient d'avoir lieu ? Quels sentiments transcrivent-ils ?
15. Observez les lignes de force du tableau : lequel des trois personnages mettent-elles en valeur ?

Les Natchez **(1835) d'Eugène Delacroix (1788-1863).**

TEXTE 16

Une vie de soldat

À peine rentré en France, le jeune homme cède à l'idée d'un mariage arrangé par sa mère et ses sœurs : « pour éviter une tracasserie d'une heure, je me rendrai esclave pendant un siècle ». Il épouse Céleste de Lavigne, une amie de Lucile, qu'il n'aura guère le temps de connaître : quatre mois plus tard, il rejoint sans enthousiasme en Allemagne l'armée des Princes constituée d'émigrés fidèles au roi. Mal à l'aise dans sa situation d'émigré portant les armes contre sa patrie, convaincu qu'il sert une cause injuste et perdue, il fait alors l'expérience de la dure vie d'un soldat sans gloire.

Londres, d'avril à septembre 1822.

Nous avions des tentes ; du reste, nous manquions de tout. Nos fusils, de manufacture allemande, armes de rebut, d'une pesanteur effrayante, nous cassaient l'épaule et souvent n'étaient pas en état de tirer. J'ai fait toute la campagne avec un de ces mousquets dont le chien[1] ne s'abattait pas. [...]

Je m'asseyais, avec mon fusil, au milieu des ruines ; je tirais de mon havresac le manuscrit de mon voyage en Amérique ; j'en déposais les pages séparées sur l'herbe autour de moi ; je relisais et corrigeais une description de forêt, un passage d'*Atala*, dans les décombres d'un amphithéâtre romain, me préparant ainsi à conquérir la France. Puis je serrais mon trésor dont le poids, mêlé à celui de mes chemises, de ma capote[2], de mon bidon de fer-blanc, de ma bouteille clissée[3] et de mon petit Homère[4] me faisait cracher le sang. J'essayais de fourrer *Atala* avec mes inutiles cartouches dans ma giberne ; mes camarades

---

1. Pièce de l'arme à feu qui portait le silex.
2. Manteau de soldat.
3. Entourée d'une protection d'osier.
4. Édition de poche de l'*Iliade* et de l'*Odyssée*.

Chateaubriand à l'armée de Condé.

se moquaient de moi, et arrachaient les feuilles débordantes des deux côtés du couvercle de cuir. La Providence vint à mon secours : une nuit, ayant couché dans un grenier à foin, je ne trouvai plus mes chemises dans mon sac à mon réveil ; on avait laissé les paperasses. Je bénis Dieu : cet accident, en assurant ma *gloire*, me sauva la vie, car les soixante livres qui gisaient entre mes deux épaules m'auraient rendu poitrinaire.

L'ordre arriva de marcher sur Thionville. Nous faisions cinq à six lieues par jour. Le temps était affreux ; nous cheminions au milieu de la pluie et de la fange[5], en chantant : *Ô Richard ! Ô mon roi !* ou *Pauvre Jacques !* Arrivés à l'endroit du campement, n'ayant ni fourgons, ni vivres, nous allions avec des ânes, qui suivaient la colonne comme une caravane arabe, chercher de quoi manger dans les fermes et les villages. Nous payions très scrupuleusement : je subis néanmoins une faction correctionnelle, pour avoir pris, sans y penser, deux poires dans le jardin d'un château. « Un grand clocher, une grande rivière et un grand seigneur, dit le proverbe, sont de mauvais voisins. »

Nous plantions au hasard nos tentes, dont nous étions sans cesse obligés de battre la toile afin d'en élargir les fils et d'empêcher l'eau de la traverser. Nous étions dix soldats par tente ; chacun à son tour était chargé du soin de la cuisine : celui-ci allait à la viande, celui-ci au pain, celui-ci au bois, celui-ci à la paille. Je faisais la soupe à merveille ; j'en recevais de grands compliments, surtout quand je mêlais à la ratatouille du lait et des choux, à la mode de Bretagne. J'avais appris chez les Iroquois à braver la fumée, de sorte que je me comportais bien autour de mon feu de branches vertes et mouillées. Cette vie de soldat est très amusante ; je me croyais encore parmi les Indiens. En mangeant notre gamellée sous la tente, mes camarades me demandaient des histoires de mes voyages ; ils me les payaient en beaux contes ; nous mentions tous comme un caporal au cabaret avec un conscrit qui paye l'écot.

Extraits du livre IX, chapitres 9 et 10.

Bientôt battue au siège de Thionville, l'armée des Princes est dissoute. Blessé par un éclat d'obus, atteint de petite-vérole, Chateaubriand gagne à grand-peine Ostende d'où il s'embarque pour l'île de Jersey avant de gagner l'Angleterre.

---

5. Boue.

Étudier un genre : l'autobiographie

L'autobiographie et l'Histoire

1. Qu'est-ce qu'un « havresac » (l. 8) ? une « giberne » (l. 15) ? À quel champ lexical appartiennent ces termes ? Trouvez d'autres mots appartenant au même champ lexical dans les deux premiers paragraphes.

2. Quel aspect de la guerre Chateaubriand présente-t-il dans cet extrait ?

3. Quelles indications fournit-il sur les conditions de vie des soldats ? Relevez en particulier les expressions qui montrent leur dénuement. De quelles qualités font-ils preuve cependant ?

Le récit d'une expérience

4. a. Quelles mésaventures personnelles Chateaubriand rapporte-t-il ? Quelles caractéristiques physiques et quels traits de son caractère révèlent-elles ?
b. Quel est le sens du mot « livres » (l. 21) ? Quel sens donnez-vous à l'ensemble de la phrase ?

5. a. Quels sont, parmi les objets personnels du narrateur ceux qui n'appartiennent pas à l'équipement militaire ? En quoi le narrateur se distingue-t-il de ses compagnons ?
b. Quel pronom et quel déterminant montrent cependant qu'il est intégré au groupe ?
c. Quels talents lui reconnaît-on ? Quelle expérience lui est utile dans cette nouvelle vie ?

6. « Cette vie de soldat est très amusante » (l. 41 et 42) : comment expliquez-vous l'emploi du présent ? Quels éléments du texte démentent cette affirmation ? Comment expliquez-vous alors ce jugement ?

Le regard du narrateur

7. Est-il question d'actions héroïques dans ce récit ? Pourquoi ? Quel jugement le narrateur porte-t-il sur cette guerre ? Citez le texte.

8. Relevez dans le second paragraphe un exemple de décalage entre les occupations du jeune homme et l'enjeu officiel de la guerre : quel est le ton de cette phrase ?

9. Est-ce plutôt le Chateaubriand autobiographe ou le mémorialiste (voir p. 82 et 83) qui apparaît ici ? Justifiez votre réponse.

TEXTE 17

Détresse

À Londres, Chateaubriand se lie d'amitié avec un jeune émigré breton, Hingant, comme lui rêveur et épris de littérature. Tous deux tentent de vivre de leur plume. En vain.

Londres, d'avril à septembre 1822.

Mes fonds s'épuisaient. [...] Hingant voyait aussi s'amoindrir son trésor ; entre nous deux, nous ne possédions que soixante francs. Nous diminuâmes la ration de vivres, comme sur un vaisseau lorsque
5 la traversée se prolonge. Au lieu d'un schelling[1] par tête, nous ne dépensions plus à dîner qu'un demi-schelling. Le matin, à notre thé, nous retranchâmes la moitié du pain, et nous supprimâmes le beurre. Ces abstinences fatiguaient les nerfs de mon ami. Son esprit battait la campagne ; il prêtait l'oreille, et avait l'air d'écouter quelqu'un ; en
10 réponse, il éclatait de rire, ou versait des larmes. Hingant croyait au magnétisme[2], et s'était troublé la cervelle du galimatias de Swedenborg[3]. Il me disait le matin qu'on lui avait fait du bruit la nuit ; il se fâchait si je lui niais ses imaginations. L'inquiétude qu'il me causait m'empêchait de sentir mes souffrances.
15 Elles étaient grandes pourtant : cette diète rigoureuse, jointe au travail, échauffait ma poitrine malade ; je commençais à avoir de la peine à marcher, et néanmoins, je passais les jours et une partie des nuits dehors, afin qu'on ne s'aperçût pas de ma détresse. Arrivés à notre dernier schelling, je convins avec mon ami de le garder pour faire
20 semblant de déjeuner. Nous arrangeâmes que nous achèterions un

---

1. Ou shilling : ancienne monnaie anglaise.
2. Fluide magnétique qu'auraient certains individus.

3. Savant suédois (1688-1772), fondateur d'une secte d'illuminés qui prônait l'existence d'un monde supra-sensible.

pain de deux sous; que nous nous laisserions servir comme de coutume l'eau chaude et la théière; que nous n'y mettrions point de thé; que nous ne mangerions pas le pain, mais que nous boirions l'eau chaude avec quelques petites miettes de sucre restées au fond du sucrier.

Cinq jours s'écoulèrent de la sorte. La faim me dévorait; j'étais brûlant; le sommeil m'avait fui; je suçais des morceaux de linge que je trempais dans de l'eau; je mâchais de l'herbe et du papier. Quand je passais devant des boutiques de boulangers, mon tourment était horrible. Par une rude soirée d'hiver, je restai deux heures planté devant un magasin de fruits secs et de viandes fumées, avalant des yeux tout ce que je voyais; j'aurais mangé, non seulement les comestibles, mais leurs boîtes, paniers et corbeilles.

Le matin du cinquième jour, tombant d'inanition, je me traîne chez Hingant; je heurte à la porte, elle était fermée; j'appelle, Hingant est quelque temps sans répondre; il se lève et m'ouvre. Il riait d'un air égaré; sa redingote était boutonnée; il s'assit devant la table à thé : « Notre déjeuner va venir », me dit-il d'une voix extraordinaire. Je crus voir quelques taches de sang à sa chemise; je déboutonne brusquement sa redingote : il s'était donné un coup de canif profond de deux pouces dans le bout du sein gauche. Je criai au secours. La servante alla chercher un chirurgien. La blessure était dangereuse.

Ce nouveau malheur m'obligea à prendre un parti. Hingant, conseiller au parlement de Bretagne, s'était refusé à recevoir le traitement que le gouvernement anglais accordait aux magistrats français, de même que je n'avais pas voulu accepter le schelling aumôné[4] par jour aux émigrés : j'écrivis à M. de Barentin et lui révélai la situation de mon ami. Les parents de Hingant accoururent et l'emmenèrent à la campagne. Dans ce moment même, mon oncle de Bedée me fit parvenir quarante écus, oblation[5] touchante de ma famille persécutée; il me sembla voir tout l'or du Pérou : le denier des prisonniers de France nourrit le Français exilé. [...]

---

4. Donné comme aumône, comme charité.
5. Offrande sacrée.

Mes amis me trouvèrent une chambre mieux appropriée à ma fortune décroissante (on n'est pas toujours au comble de la prospérité) ; ils m'installèrent aux environs de Mary-Le-Bone-Street, dans un *garret*[6] dont la lucarne donnait sur un cimetière : chaque nuit la crécelle du *watchman*[7] m'annonçait que l'on venait de voler des cadavres[8]. J'eus la consolation d'apprendre que Hingant était hors de danger.

Extrait du livre X, chapitre 6.

Repérer et comprendre

L'expérience de la misère
1. Relevez au fil du texte les mots appartenant au champ lexical de l'argent : pourquoi sont-ils aussi nombreux ?
2. Quel est le sens du mot « abstinence » (l. 8) ? Cherchez un synonyme dans le paragraphe suivant. Relevez les expressions qui développent le thème de la privation (l. 2 à 25).
3. Par quels moyens successifs les jeunes gens essaient-ils de tromper leur faim ? Relevez les verbes qui évoquent l'absorption de nourriture et les compléments d'objet qui leur sont associés (l. 26 à 33) : que constatez-vous ?

Les personnages
4. Montrez, en citant le texte, comment chaque paragraphe traduit un degré supplémentaire dans la dégradation physique des deux personnages. Lequel des deux jeunes gens vous semble le plus en danger ? Pourquoi ?
5. Relevez trois phrases qui indiquent les souffrances endurées par le narrateur. Montrez, en vous appuyant sur des détails du texte, qu'il conserve cependant sa lucidité. De quelles autres qualités fait-il preuve dans l'adversité ?
6. Quel est son comportement à l'égard de son camarade ? Justifiez votre réponse.

---

6. Grenier (mot anglais).
7. Veilleur, gardien (mot anglais).

8. La dissection étant interdite en Angleterre, les écoles de chirurgie la pratiquaient alors clandestinement.

7. Recopiez la phrase qui explique les raisons de leur déchéance : quel trait de caractère les a placés dans cette situation ?

Le discours narratif

8. a. Par quels procédés Chateaubriand insiste-t-il sur la détresse des deux jeunes gens ? Appuyez-vous sur les indications temporelles et le rythme de la narration.
b. À quel moment au contraire le récit s'accélère-t-il ? Quel changement de temps souligne la rupture ?

9. Observez l'enchaînement des phrases, la description des lieux et des personnages dans le quatrième paragraphe : comment le narrateur crée-t-il le suspense ?

10. a. Quel est le dénouement de cet épisode ?
b. En quoi les derniers éléments descriptifs du passage relancent-ils l'intérêt du récit ?

TEXTE 18

Charlotte

En janvier 1794, Chateaubriand part pour Beccles, dans le sud-est de l'Angleterre, où il va vivre de traductions et de leçons de français. C'est là qu'il apprend l'exécution de son frère et de sa belle-sœur ainsi que l'emprisonnement de sa mère, de sa femme et de ses deux sœurs Julie et Lucile. Une rencontre va apporter du réconfort à ses chagrins.

Londres, d'avril à septembre 1822.

À quatre lieues de Beccles dans une petite ville appelée Bungay, demeurait un ministre anglais, le révérend[1] M. Ives, grand helléniste et grand mathématicien. Il avait une femme jeune encore, charmante de figure, d'esprit et de manières, et une fille unique âgée de quinze ans. Présenté dans cette maison, j'y fus mieux reçu que partout ailleurs. On buvait à la manière des anciens Anglais[2], et on restait deux heures à table, après les femmes. M. Ives, qui avait vu l'Amérique, aimait à conter ses voyages, à entendre le récit des miens, à parler de Newton et d'Homère. Sa fille, devenue savante pour lui plaire, était excellente musicienne et chantait comme aujourd'hui madame Pasta[3]. Elle reparaissait au thé et charmait le sommeil communicatif du vieux ministre. Appuyé au bout du piano, j'écoutais miss Ives en silence.

La musique finie, la *young lady*[4] me questionnait sur la France, sur la littérature ; elle me demandait des plans d'études ; elle désirait particulièrement connaître les auteurs italiens, et me pria de lui donner quelques notes sur la *Divina Commedia* et la *Gerusalemme*[5]. Peu à peu, j'éprouvai le charme timide d'un attachement sorti de l'âme : j'avais paré les Floridiennes[6], je n'aurais pas osé relever le gant de miss Ives. [...]

---

1. Titre donné à un pasteur.
2. Par tradition, de solides buveurs.
3. Célèbre cantatrice italienne de l'époque.
4. La jeune demoiselle (mots anglais).
5. Œuvres de Dante et du Tasse.
6. Voir p. 97.

Ayant fait une chute de cheval, je restai quelque temps chez M. Ives. C'était l'hiver ; les songes de ma vie commencèrent à fuir devant la réalité. Miss Ives devenait plus réservée ; elle cessa de m'apporter des fleurs ; elle ne voulut plus chanter. [...]

Je voyais venir avec consternation le moment où je serais obligé de me retirer. La veille du jour annoncé comme celui de mon départ, le dîner fut morne. À mon grand étonnement, M. Ives se retira au dessert en emmenant sa fille, et je restai seul avec madame Ives ; elle était dans un embarras extrême. Je crus qu'elle m'allait faire des reproches d'une inclination qu'elle avait pu découvrir mais dont jamais je n'avais parlé. Elle me regardait, baissait les yeux, rougissait ; elle-même, séduisante dans ce trouble, il n'y a point de sentiment qu'elle n'eût pu revendiquer pour elle. Enfin, brisant avec effort l'obstacle qui lui ôtait la parole : « Monsieur, me dit-elle en anglais, vous avez vu ma confusion : je ne sais si Charlotte vous plaît, mais il est impossible de tromper une mère ; ma fille a certainement conçu de l'attachement pour vous. M. Ives et moi nous nous sommes consultés ; vous nous convenez sous tous les rapports ; nous croyons que vous rendrez notre fille heureuse. Vous n'avez plus de patrie ; vous venez de perdre vos parents ; vos biens sont vendus[7] ; qui pourrait donc vous rappeler en France ? En attendant notre héritage, vous vivrez avec nous. »

De toutes les peines que j'avais endurées, celle-là me fut la plus sensible et la plus grande. Je me jetai aux genoux de madame Ives ; je couvris ses mains de mes baisers et de mes larmes. Elle croyait que je pleurais de bonheur, et elle se mit à sangloter de joie. Elle étendit le bras pour tirer le cordon de la sonnette ; elle appela son mari et sa fille : « Arrêtez ! m'écriai-je ; je suis marié ! » Elle tomba évanouie.

Je sortis, et sans entrer dans ma chambre, je partis à pied. J'arrivai à Beccles, et je pris la poste pour Londres, après avoir écrit à madame Ives une lettre dont je regrette de n'avoir pas gardé copie.

Extrait du livre X, chapitre 9.

---

[7]. Chateaubriand n'avait pas de nouvelles de sa mère ; par ailleurs, il pouvait croire que sa part d'héritage avait disparu dans les soubresauts de la Révolution.

Étudier un genre : l'autobiographie

Le discours narratif

1. Quels personnages apparaissent dans le premier paragraphe ? Sont-ils présentés de façon valorisante ou dévalorisante ? Citez le texte.

2. Toutes les circonstances semblent-elles réunies pour le bonheur du narrateur ? Quel élément perturbateur le rend cependant impossible ?

3. Relisez les lignes 24 à 50 : par quel procédé le narrateur tient-il en éveil la curiosité du lecteur ?

4. Cet épisode est le récit d'un malentendu : expliquez lequel. Qui en est responsable ? Pourquoi ?

5. Relevez trois phrases qui présentent un point de vue erroné des personnages sur la situation (l. 24 à 50) : quel verbe les introduit à chaque fois ? Quelle est la raison de ces erreurs de jugement ?

6. a. Résumez le discours de madame Ives. Quel en est le ton ?
b. Le narrateur a-t-il le choix de la réponse ? Pourquoi ? Quel est l'intérêt du discours direct dans le récit ?

7. Pourquoi peut-on dire que le rythme du récit s'accélère dans les lignes 44 à 50 ? Quel est l'effet produit sur le ton du texte ?
a. Le narrateur analyse-t-il son attitude à la fin du texte ? Pourquoi ?
b. Comment la jugez-vous ? Qu'est-ce qui peut l'expliquer ?

L'analyse des sentiments

8. Relevez trois expressions qui évoquent de façon explicite l'attirance des deux jeunes gens l'un pour l'autre. Quels autres passages la révèlent implicitement ? Expliquez pourquoi.

9. « J'avais paré les Floridiennes, je n'aurais pas osé relever le gant de miss Ives » (l. 18 et 19) : quels divers sentiments cette différence de comportement traduit-elle ?

10. Relevez trois mots qui désignent la gêne de la mère. Comment l'expliquez-vous ? Quelles en sont les manifestations physiques ?

S'exprimer

11. Racontez à votre tour une histoire dans laquelle une réserve excessive (par timidité, crainte, orgueil, fidélité à un secret...) ou au contraire un excès de paroles (bavardage, indiscrétion, révélation inopportune...) auront des conséquences fâcheuses. Vous vous efforcerez d'animer la narration en vous inspirant du texte.

TEXTE 19

Défaut de mon caractère

Vingt-sept ans plus tard, Chateaubriand devenu ambassadeur de France à Londres revoit Charlotte, mariée et mère de famille : cette émouvante rencontre réveille le passé et suscite chez le narrateur le besoin de se faire comprendre de son futur lecteur.

Londres, d'avril à septembre 1822. Revu en décembre 1846.

Mais d'où m'était venu mon dernier malheur ? De mon obstination au silence. Pour comprendre ceci, il faut entrer dans mon caractère.

En aucun temps, il ne m'a été possible de surmonter cet esprit de retenue et de solitude intérieure qui m'empêche de causer de ce qui me touche. Personne ne saurait affirmer sans mentir que j'aie raconté ce que la plupart des gens racontent dans un moment de peine, de plaisir ou de vanité. Un nom, une confession de quelque gravité, ne sort point ou ne sort que rarement de ma bouche. Je n'entretiens jamais les passants de mes intérêts, de mes desseins, de mes travaux, de mes idées, de mes attachements, de mes joies, de mes chagrins, persuadé de l'ennui profond que l'on cause aux autres en leur parlant de soi. Sincère et véridique[1], je manque d'ouverture de cœur : mon âme tend incessamment[2] à se fermer ; je ne dis point une chose entière et je n'ai laisser passer ma vie complète que dans ces *Mémoires*. Si j'essaie de commencer un récit, soudain l'idée de sa longueur m'épouvante ; au bout de quatre paroles, le son de ma voix me devient insupportable et je me tais. Comme je ne crois à rien, excepté en religion, je me défie de tout ; la malveillance et le dénigrement[3] sont les deux caractères de l'esprit français ; la moquerie et la calomnie, le résultat certain d'une confidence.

---

1. Franc.   **2.** Constamment, sans cesse.   **3.** Critique, médisance.

Mais qu'ai-je gagné à ma nature réservée ? D'être devenu, parce que j'étais impénétrable, un je ne sais quoi de fantaisie, qui n'a aucun rapport avec ma réalité. Mes amis mêmes se trompent sur moi, en croyant me faire mieux connaître et en m'embellissant des illusions de leur attachement. Toutes les médiocrités d'antichambre, de bureaux, de gazettes, de cafés m'ont supposé de l'ambition et je n'en ai aucune. Froid et sec en matière usuelle je n'ai rien de l'enthousiaste et du sentimental. [...] Dans l'existence intérieure et théorique, je suis l'homme de tous les songes ; dans l'existence extérieure et pratique, l'homme des réalités. Aventureux et ordonné, passionné et méthodique, il n'y a jamais eu d'être à la fois plus chimérique et plus positif que moi, de plus ardent et plus glacé ; androgyne[4] bizarre, pétri des sangs divers de ma mère et de mon père.

Les portraits qu'on a faits de moi, hors de toute ressemblance, sont principalement dus à la réticence de mes paroles. La foule est trop légère, trop inattentive pour se donner le temps, lorsqu'elle n'est pas avertie, de voir les individus tels qu'ils sont. Quand, par hasard, j'ai essayé de redresser quelques-uns de ces faux jugements dans mes préfaces, on ne m'a pas cru. En dernier résultat tout m'étant égal, je n'insistais pas : un *comme vous voudrez* m'a toujours débarrassé de l'ennui de persuader personne ou de chercher à établir une vérité. Je rentre dans mon for intérieur, comme un lièvre dans son gîte : là je me remets à contempler la feuille qui remue ou le brin d'herbe qui s'incline. [...]

Au cas de la famille Ives, ce silence obstiné de moi sur moi-même me fut extrêmement fatal. Vingt fois la mère de Charlotte s'était enquise de mes parents et m'avait mis sur la voie des révélations. Ne prévoyant pas où mon mutisme me mènerait, je me contentai, comme d'usage, de répondre quelques mots vagues et brefs. Si je n'eusse été atteint de cet odieux travers d'esprit, toute méprise devenant impossible, je n'aurais pas eu l'air d'avoir voulu tromper la plus généreuse hospitalité ; la vérité, dite par moi au moment décisif, ne m'excusait pas : un mal réel n'en avait pas moins été fait.

---

[4]. Être à la fois masculin et féminin : le mot est employé ici de façon imagée par le narrateur, pour insister sur l'aspect contradictoire de son caractère.

Je repris mon travail au milieu de mes chagrins et des justes reproches que je me faisais. Je m'accommodais même de ce travail, car il m'était venu en pensée qu'en acquérant du renom, je rendrais la famille Ives moins repentante de l'intérêt qu'elle m'avait témoigné. Charlotte, que je cherchais ainsi à me réconcilier par la gloire, présidait à mes études. Son image était assise devant moi tandis que j'écrivais. Quand je levais les yeux de dessus mon papier, je les portais sur l'image adorée, comme si le modèle eût été là en effet.[…]

Abandonnons-les, ces souvenirs ; les souvenirs vieillissent et s'effacent comme les espérances. Ma vie va changer, elle va couler sous d'autres cieux, dans d'autres vallées. Premier amour de ma jeunesse, vous fuyez avec vos charmes ! […] Douce lueur du passé, rose pâle du crépuscule qui borde la nuit, quand le soleil depuis longtemps est couché ! […]

Je termine ce douzième livre, qui atteint au printemps de 1800. Arrivé au bout de ma première carrière, s'ouvre devant moi la carrière de l'écrivain ; d'homme privé, je vais devenir homme public ; je sors de l'asile virginal et silencieux de la solitude pour entrer dans le carrefour souillé et bruyant du monde ; le grand jour va éclairer ma vie rêveuse, la lumière pénétrer dans le royaume des ombres. Je jette un regard attendri sur ces livres qui renferment mes heures immémorées[5] ; il me semble dire un dernier adieu à la maison paternelle ; je quitte les pensées et les chimères de ma jeunesse comme des sœurs, comme des amantes que je laisse au foyer de la famille et que je ne reverrai plus.

Extraits du livre XI, chapitre 1 et du livre XII, chapitre 6.

La première partie des Mémoires *s'achève avec le retour de Chateaubriand en France sous une fausse identité. Il débarque à Calais le 6 mai 1800 : «J'abordai la France avec le siècle. »*

---

5. Qui remonte à une époque si ancienne qu'on en a perdu le souvenir

Étudier un genre : l'autobiographie

La situation d'énonciation et les formes de discours

1. Distinguez les paragraphes selon qu'ils renvoient au moment de l'énonciation ou au moment de l'histoire.

2. Le discours dominant dans cet extrait est-il narratif ou autre ? Justifiez votre réponse.

L'écriture de soi : l'analyse de la personnalité

3. a. Quel « défaut » de son caractère le narrateur dépeint-il dans ce passage ? Relevez au fil du texte les expressions qui désignent ce défaut.
b. Recherchez les mots qui appartiennent au champ lexical de la parole dans les lignes 4 à 21.
c. Quelles expressions en particulier font apparaître ce trait de caractère comme définitif ?
d. Quelles raisons différentes avance le narrateur pour expliquer ce penchant (l. 2 à 21) ?

4. Quelle est la conséquence de ce comportement ? Relevez toutes les expressions par lesquelles Chateaubriand rejette l'idée qu'on se fait de lui (l. 22 à 44).

5. Quel est le sens des adjectifs « chimérique » et « positif » (l. 32 et 33) ? Quel double aspect de lui-même l'auteur fait-il apparaître ? Relevez et classez les expressions qui renvoient à l'une ou l'autre idée.

6. a. Par quels verbes marque-t-il la rupture avec le passé dans les lignes 62 à 77 ?
b. Comparez la ponctuation, le rythme des phrases, le vocabulaire avec ceux des paragraphes précédents : quelles différences observez-vous ? Quel est le ton de ces deux derniers paragraphes ?

Les enjeux

7. En quoi les lignes 45 à 61 constituent-elles un épilogue au précédent récit ? Le narrateur condamne-t-il son attitude passée ? Apporte-t-il une justification indirecte de son comportement ? Appuyez-vous sur le texte.

8. Par quelles images et par quels procédés stylistiques souligne-t-il la complexité de sa personnalité ? Parmi les textes que vous avez lus, citez-en deux qui pourraient illustrer l'un puis l'autre aspect de son caractère.

9. Quel regard le narrateur porte-t-il sur la société ?
10. En quoi ce passage peut-il éclairer l'entreprise des *Mémoires* ?

Enquêter

11. Donnez un synonyme plus courant de l'adjectif « immémorées » (l. 74). Comment ce mot est-il construit ? Cherchez le plus grand nombre de mots composés à partir du latin *memoria* ou du grec *mnêmê*.

S'exprimer

12. À la manière du narrateur, analysez un de vos traits de caractère en vous efforçant de présenter les conséquences qu'il a dans votre vie quotidienne.
13. Avez-vous le sentiment que les autres vous voient tel(le) que vous êtes ? Comment expliquez-vous cela ?
14. « Sans la mémoire, que serions-nous ? » interroge Chateaubriand au début du livre II des *Mémoires d'outre-tombe*. Réfléchissez dans un développement ordonné à l'importance de la mémoire dans la vie de tout individu et de toute société. Vous illustrerez vos arguments d'exemples précis.
15. Apprenez cet extrait de « Spleen » de Baudelaire et récitez-le.

« Spleen »

J'ai plus de souvenirs que si j'avais mille ans.

Un gros meuble à tiroirs encombré de bilans,
De vers, de billets doux, de procès, de romances,
Avec de lourds cheveux roulés dans des quittances,
Cache moins de secrets que mon triste cerveau.
C'est une pyramide, un immense caveau,
Qui contient plus de morts que la fosse commune.
– Je suis un cimetière abhorré de la lune,
Où comme des remords se traînent de longs vers
Qui s'acharnent toujours sur mes morts les plus chers.
Je suis un vieux boudoir plein de roses fanées,
Où gît tout un fouillis de modes surannées,
Où les pastels plaintifs et les pâles Boucher,
Seuls, respirent l'odeur d'un flacon débouché.

QUESTIONS DE SYNTHÈSE
Mémoires d'outre-tombe

Le temps et le lieu de l'énonciation

1. Combien de temps Chateaubriand a-t-il mis pour écrire les *Mémoires d'outre-tombe*?
2. Dans quels lieux s'est-il consacré à leur rédaction?
3. Expliquez le titre de l'œuvre.

Le temps du souvenir

4. Quelles années de sa vie Chateaubriand relate-t-il dans la partie des *Mémoires d'outre-tombe* présentée dans ce livre? Quel âge a-t-il dans le dernier extrait? Quelles dates indiquées dans le premier et le dernier extrait vous permettent-elles de répondre?
5. Quels personnages et événements historiques sont évoqués au fil des *Mémoires*? En quoi influent-ils sur la vie de Chateaubriand?

Les lieux du souvenir

6. Quelle est la ville natale de Chateaubriand?
7. Combourg: décrivez le lieu et définissez son atmosphère. À quelle époque de la vie de Chateaubriand est-il lié? Quel événement a fait resurgir ce lieu dans la mémoire du narrateur adulte? Comment appelle-t-on ce phénomène?
8. Quels pays étrangers Chateaubriand découvre-t-il? Dans quelles circonstances? Quelles expériences y fait-il?

Les personnages

9. Quelle image de son père le narrateur donne-t-il ?
10. Quels personnages féminins sont évoqués dans les *Mémoires* ? Présentez-les brièvement (nom, physique, caractère…) et expliquez les relations que Chateaubriand entretient avec chacun d'entre eux.
11. À quels différents groupes sociaux Chateaubriand doit-il s'intégrer durant sa jeunesse ? Quelles sont leurs caractéristiques ?

La peinture de soi

12. Faites apparaître l'importance de l'imagination dans la vie de Chateaubriand en vous appuyant sur des exemples précis.
13. Quelles sont les causes de la profonde mélancolie de l'adolescent ? Quel nom donnera-t-on à cette vision pessimiste de l'existence dans le courant du XIXe siècle ?
14. Quels autres traits de caractère de Chateaubriand sont mis en lumière au fil des textes ? Pour chacun des aspects de sa personnalité, faites référence à un extrait qui le révèle particulièrement.
15. Quels épisodes des *Mémoires* peuvent apparaître comme les étapes d'un roman d'apprentissage ?

La prose poétique

16. Quels éléments font de l'écriture de Chateaubriand une écriture particulièrement poétique ? Donnez des exemples précis.

DEUXIÈME PARTIE

L'autobiographie

JEAN-BAPTISTE CHARDIN

Série d'autoportraits

Peintre du XVIIIe siècle, célèbre pour ses natures mortes et ses scènes de la vie quotidienne, Jean-Baptiste Chardin (1699-1779) s'est intéressé, à la fin de sa vie, à l'autoportrait.

**Autoportrait dit aux bésicles,
1771, pastel.**

Étudier une image

1. Observez ces différents portraits : qui représentent-ils ?
2. Quel cadrage le peintre a-t-il choisi ? Dans quel but ?
3. Comparez la position et l'expression du visage ainsi que les détails du costume ? Quelles différences ou ressemblances observez-vous d'un tableau à l'autre ?
4. Identifiez tous les objets représentés. En quoi peuvent-ils paraître insolites ?
5. Observez le regard du personnage : vers qui se dirige-t-il ? Quel est l'effet obtenu ?
6. Peut-on parler de portraits idéalisés ? Pourquoi ? Quelle image l'artiste a-t-il voulu donner de lui ?
7. Qu'est-ce qu'un pastel ?

Autoportrait dit à l'abat-jour vert,
1775, pastel.

Autoportrait dit au chevalet,
1776, pastel.

JEAN-JACQUES ROUSSEAU

Le peigne cassé

Célèbre philosophe du XVIIIe siècle, Jean-Jacques Rousseau (1712-1778) a écrit à la fin de sa vie deux livres autobiographiques : Les Confessions *et* Les Rêveries du promeneur solitaire. *Cet extrait se place au début des* Confessions *: né à Genève et orphelin de mère, le jeune Jean-Jacques est confié à son oncle. Celui-ci le met en pension chez le pasteur Lambercier et sa sœur : il y reçoit une éducation rigoureuse mais juste, et passe là des jours heureux en compagnie de son cousin. Mais un événement vient briser l'harmonie de ce séjour.*

J'étudiais un jour seul ma leçon dans la chambre contiguë à la cuisine. La servante avait mis sécher à la plaque[1] les peignes de Mlle Lambercier. Quand elle revint les prendre, il s'en trouva un dont tout un côté de dents était brisé. À qui s'en prendre de ce dégât ? Personne autre que moi n'était entré dans la chambre. On m'interroge : je nie d'avoir touché le peigne. M. et Mlle Lambercier se réunissent, m'exhortent[2], me pressent, me menacent ; je persiste avec opiniâtreté[3] ; mais la conviction était trop forte, elle l'emporta sur toutes mes protestations, quoique ce fût la première fois qu'on m'eût trouvé tant d'audace à mentir. La chose fut prise au sérieux : elle méritait de l'être. La méchanceté, le mensonge, l'obstination parurent également dignes de punition ; mais pour le coup ce ne fut pas par Mlle Lambercier qu'elle me fut infligée. On écrivit à mon oncle Bernard ; il vint. Mon pauvre cousin était chargé d'un autre délit, non moins grave : nous fûmes enveloppés dans la même exécution. Elle fut terrible. […]

---

1. Dans une niche près du feu.   **2.** Demander avec insistance.   **3.** Entêtement, obstination.

On ne put m'arracher l'aveu qu'on exigeait. Repris à plusieurs fois et mis dans l'état le plus affreux, je fus inébranlable. J'aurais souffert la mort, et j'y étais résolu. Il fallut que la force même cédât au diabolique entêtement d'un enfant, car on n'appela pas autrement ma constance. Enfin je sortis de cette cruelle épreuve en pièces, mais triomphant.

Il y a maintenant près de cinquante ans de cette aventure et je n'ai pas peur d'être aujourd'hui puni derechef[4] pour le même fait ; eh bien, je déclare à la face du Ciel que j'en étais innocent, que je n'avais ni cassé, ni touché le peigne, que je n'avais pas approché de la plaque, et que je n'y avais pas même songé. Qu'on ne me demande pas comment ce dégât se fit : je l'ignore et ne puis le comprendre ; ce que je sais très certainement, c'est que j'en étais innocent. […]

Je n'avais pas encore assez de raison pour sentir combien les apparences me condamnaient, et pour me mettre à la place des autres. Je me tenais à la mienne, et tout ce que je sentais, c'était la rigueur d'un châtiment effroyable pour un crime que je n'avais pas commis. La douleur du corps, quoique vive, m'était peu sensible ; je ne sentais que l'indignation, la rage, le désespoir. Mon cousin, dans un cas à peu près semblable, et qu'on avait puni d'une faute involontaire comme d'un acte prémédité, se mettait en fureur à mon exemple, et se montait[5], pour ainsi dire, à mon unisson[6]. Tous deux dans le même lit nous nous embrassions avec des transports convulsifs, nous étouffions, et quand nos jeunes cœurs un peu soulagés pouvaient exhaler leur colère, nous nous levions sur notre séant, et nous nous mettions tous deux à crier cent fois de toute notre force : *Carnifex ! carnifex ! carnifex*[7] !

Je sens en écrivant ceci que mon pouls s'élève encore ; ces moments me seront toujours présents quand je vivrais cent mille ans. Ce premier sentiment de la violence et de l'injustice est resté si profondément gravé dans mon âme, que toutes les idées qui s'y rapportent me rendent ma première émotion, et ce sentiment, relatif à moi dans son

---

4. Une seconde fois.
5. S'emporter, s'exciter.
6. En accord avec moi.
7. Bourreau (mot latin).

origine, a pris une telle consistance en lui-même, et s'est tellement détaché de tout intérêt personnel, que mon cœur s'enflamme au spec-
50 tacle ou au récit de toute action injuste, quel qu'en soit l'objet et en quelque lieu qu'elle se commette, comme si l'effet en retombait sur moi. Quand je lis les cruautés d'un tyran féroce, les subtiles noirceurs d'un fourbe de prêtre, je partirais volontiers pour aller poignarder ces misérables, dussé-je cent fois y périr. Je me suis souvent mis en nage
55 à poursuivre à la course ou à coups de pierre un coq, une vache, un chien, un animal que j'en voyais tourmenter un autre, uniquement parce qu'il se sentait le plus fort. Ce mouvement peut m'être naturel, et je crois qu'il l'est ; mais le souvenir profond de la première injustice que j'ai soufferte y fut trop longtemps et trop fortement lié
60 pour ne l'avoir pas beaucoup renforcé.

Jean-Jacques ROUSSEAU, *Les Confessions*, Livre premier.

Repérer et comprendre

Le schéma narratif
1. a. Quelle est la situation initiale ? Quel est l'élément déclencheur ? Citez le texte.
b. Quelles actions s'enchaînent ? Quel est le dénouement ?
2. Précisez la valeur du présent dans les lignes 5 à 7. Quel est l'effet produit ?
3. a. Relevez un exemple d'ellipse temporelle dans le premier paragraphe. Quel est l'effet produit ?

Le jugement
4. a. Pourquoi l'enfant se retrouve-t-il accusé ?
b. Qui est désigné par le pronom « on » dans les deux premiers paragraphes ? Pour quelle raison ce pronom impersonnel est-il ici employé ?
c. Quels rôles tiennent les adultes dans les deux premiers paragraphes ? Relevez les expressions qui présentent leur point de vue sur l'enfant.
d. Quel est l'effet produit par l'enchaînement des verbes lignes 6 et 7 ? Quel jugement implicite le narrateur porte-t-il sur l'attitude des adultes ?

Étudier un genre : l'autobiographie

La distance narrative

5. a. Relevez le champ lexical de la violence dans le second paragraphe. Comment apparaît le châtiment par rapport à la faute commise ?
b. Qualifiez l'attitude de l'enfant. Citez le texte.
6. En quoi peut-on parler d'exagération épique (voir p. 32) dans la présentation des faits et des personnages ?
7. a. Quelles expressions montrent l'union des enfants dans l'adversité ? Pourquoi le narrateur insiste-t-il sur leur rapprochement ?
b. Relevez dans le cinquième paragraphe les mots et expressions qui traduisent la violente réaction des enfants. Qu'est-ce qui l'explique ? Montrez, en citant le texte, que le narrateur théâtralise leur émotion intense (l. 37 à 42).

La situation d'énonciation

8. Quels paragraphes renvoient au moment de l'énonciation ? À quels indices le voit-on ? Relevez un exemple d'adresse au lecteur.

Les enjeux

9. Quel est l'enjeu de ce passage ? Pour répondre,
a. Relevez le champ lexical de la justice au fil du texte ainsi que les expressions hyperboliques dans les lignes 43 à 57.
b. Repérez les propositions subordonnées conjonctives des lignes 44 à 52 et précisez leur fonction. En quoi contribuent-elles à souligner l'importance de l'événement ?
10. Que révèle cet épisode sur le caractère de Rousseau ?

S'exprimer

11. À votre tour, racontez une violente émotion (peur, désespoir, colère...). Vous vous efforcerez de dramatiser le récit en utilisant les procédés employés dans le texte ; vous essaierez de faire alterner dans le récit votre point de vue au moment des faits et celui qui est le vôtre maintenant sur l'événement.
12. Réécrivez l'épisode du jugement (deuxième paragraphe) sous la forme d'une scène théâtrale en tenant compte des données du texte : n'oubliez pas les didascalies nécessaires à la compréhension des faits. Jouez ensuite la scène avec vos camarades.

Enquêter

13. L'innocent accusé à tort est un personnage classique des films à suspense et en particulier des œuvres d'Alfred Hitchcock (*Jeune et innocent*, *La Mort aux trousses*, *Les Trente-Neuf Marches*, etc.). Choisissez un de ces films, recherchez comment l'enchaînement des circonstances conduit à l'accusation et par quels moyens le personnage va réussir à prouver son innocence. Vous présenterez le résultat de vos recherches sous forme de fiches ou d'exposés.

Se documenter

La naissance de l'autobiographie

L'écriture des *Confessions* de Rousseau est considérée comme la naissance de l'autobiographie, même si le mot n'est employé pour la première fois qu'en 1800, en Angleterre (*autobiography*). Certes, bien avant lui, des écrivains ont rapporté des événements de leur vie : ainsi, Rousseau emprunte le titre de son livre à saint Augustin (354-430), évêque africain qui révèle dans son ouvrage ses fautes de jeunesse pour mieux glorifier le dieu chrétien qu'il venait de découvrir. Plus tard, au XVIe siècle, les *Essais* de Montaigne se présentent comme un récit centré sur soi («je suis moi-même la matière de mon livre») pour mieux réfléchir à la condition humaine : « tout homme porte la forme entière de l'humaine condition »; au XVIIe siècle abondent les Mémoires des hommes publics. Mais l'œuvre de Rousseau est profondément originale : pour la première fois, c'est la singularité de la personne qui est en jeu, les aspects par lesquels l'individu est unique, qui le différencient de la masse anonyme des autres hommes et de l'Homme en général. Pour la première fois, c'est une entreprise de sincérité totale qui est engagée, la révélation du moi le plus intime, avec ses désirs secrets et ses pulsions jamais avouées jusque-là. Pour la première fois est montrée l'importance capitale de l'enfance dans la construction d'une personnalité. Avec *Les Confessions*, Rousseau ouvre les voies de la psychologie moderne.

GUSTAVE FLAUBERT

Une charmante pelisse rouge

Écrit en 1838, Mémoires d'un fou *est un des premiers textes de Gustave Flaubert (1821-1880). Il relate sa rencontre deux ans plus tôt, sur la plage de Trouville, avec Elisa Schlésinger, la femme d'un éditeur de musique, et la naissance d'une passion ardente et désespérée qui va marquer toute sa vie.*

Vous dire l'année précise me serait impossible ; mais alors j'étais fort jeune, j'avais, je crois, quinze ans ; nous allâmes cette année aux bains de mer de…, village de Picardie[1], charmant avec ses maisons entassées les unes sur les autres, noires, grises, rouges, blanches, tournées de tous côtés, sans alignement et sans symétrie, comme un tas de coquilles et de cailloux que la vague a poussés sur la côte.

Il y a quelques années, personne n'y venait, malgré sa plage d'une demi-lieue de grandeur et sa charmante position ; mais, depuis peu, la vogue s'y est tournée[2]. La dernière fois que j'y fus, je vis quantité de gants jaunes[3] et de livrées[4] ; on proposait même d'y construire une salle de spectacle.

Alors, tout était simple et sauvage ; il n'y avait guère que des artistes et des gens du pays. Le rivage était désert et, à marée basse, on voyait une plage immense avec un sable gris et argenté qui scintillait au

---

1. Trouville, malgré cette précision géographique volontairement fausse.
2. Le lieu est devenu à la mode.
3. Signe d'élégance, à l'époque.
4. Uniforme des domestiques.

soleil, tout humide encore de la vague. À gauche, des rochers où la mer battait paresseusement, dans ses jours de sommeil, les parois noircies de varech ; puis, au loin, l'océan bleu sous un soleil ardent, et mugissant sourdement comme un géant qui pleure.

Et quand on rentrait dans le village, c'était le plus pittoresque et le plus chaud spectacle. Des filets noirs et rongés par l'eau étendus aux portes, partout les enfants à moitié nus marchant sur un galet gris, seul pavage du lieu, des marins avec leurs vêtements rouges et bleus ; et tout cela simple dans sa grâce, naïf et robuste, tout cela empreint d'un caractère de vigueur et d'énergie.

J'allais souvent seul me promener sur la grève. Un jour, le hasard me fit aller vers l'endroit où l'on se baignait. C'était une place, non loin des dernières maisons du village, fréquentée plus spécialement pour cet usage ; hommes et femmes nageaient ensemble, on se déshabillait sur le rivage ou dans sa maison, et on laissait son manteau[5] sur le sable.

Ce jour-là, une charmante pelisse[5] rouge avec des raies noires était restée sur le rivage. La marée montait, le rivage était festonné d'écume ; déjà un flot plus fort avait mouillé les franges de soie de ce manteau. Je l'ôtai pour le placer au loin ; l'étoffe en était moelleuse et légère, c'était un manteau de femme.

Apparemment, on m'avait vu, car le jour même, au repas de midi, et comme tout le monde mangeait dans une salle commune, à l'auberge où nous étions logés, j'entendis quelqu'un qui me disait :

« Monsieur, je vous remercie bien de votre galanterie. »

Je me retournai ; c'était une jeune femme assise avec son mari à la table voisine.

– « Quoi donc ? » lui demandai-je, préoccupé.

– « D'avoir ramassé mon manteau ; n'est-ce pas vous ? »

– « Oui, Madame, » repris-je embarrassé.

Elle me regarda.

Je baissai les yeux et rougis. Quel regard, en effet ! comme elle était belle, cette femme ! Je vois encore cette prunelle ardente sous un sourcil noir se fixer sur moi comme un soleil. […]

Elle avait une robe fine, de mousseline blanche, qui laissait voir les contours moelleux de son bras.

Quand elle se leva pour partir, elle mit une capote[6] blanche avec un seul nœud rose; elle la noua d'une main fine et potelée, une de ces mains dont on rêve longtemps et qu'on brûlerait de baisers.

Chaque matin j'allais la voir se baigner; je la contemplais de loin sous l'eau, j'enviais la vague molle et paisible qui battait sur ses flancs et couvrait d'écume cette poitrine haletante, je voyais le contour de ses membres sous les vêtements mouillés qui la couvraient, je voyais son cœur battre, sa poitrine se gonfler; je contemplais machinalement son pied se poser sur le sable, et mon regard restait fixé sur la trace de ses pas, et j'aurais pleuré presque en voyant le flot les effacer lentement.

Et puis, quand elle revenait et qu'elle passait près de moi, que j'entendais l'eau tomber de ses habits et le frôlement de sa marche, mon cœur battait avec violence; je baissais les yeux, le sang me montait à la tête, j'étouffais. Je sentais ce corps de femme à moitié nu passer près de moi avec le parfum de la vague. Sourd et aveugle, j'aurais deviné sa présence, car il y avait en moi quelque chose d'intime et de doux, qui se noyait en extases et en gracieuses pensées, quand elle passait ainsi.

Je crois voir encore la place où j'étais fixé sur le rivage; je vois les vagues accourir de toutes parts, se briser, s'étendre; je vois la plage festonnée d'écume, j'entends le bruit des voix confuses des baigneurs parlant entre eux, j'entends le bruit de ses pas, j'entends son haleine quand elle passait près de moi.

J'étais immobile de stupeur, comme si la Vénus fût descendue de son piédestal et s'était mise à marcher. C'est que, pour la première fois alors, je sentais mon cœur, je sentais quelque chose de mystique, d'étrange comme un sens nouveau. J'étais baigné de sentiments infinis, tendres; j'étais bercé d'images vaporeuses, vagues; j'étais plus grand et plus fier tout à la fois.

J'aimais.

Gustave FLAUBERT, Mémoires d'un fou, X.

---

5. Vêtement que l'on portait sur le costume de bain.
6. Chapeau de femme en étoffe.

Étudier un genre : l'autobiographie

Le temps de l'histoire et le temps de l'énonciation

1. Relevez au fil du texte les différentes indications temporelles.
À partir de celles-ci, repérez les grandes parties du passage et donnez-leur un titre.

2. Relisez les deux premiers paragraphes du texte et les trois derniers (l. 69 à 80) : distinguez les formes verbales selon que le pronom « je » renvoie au moment de l'énonciation ou au moment du souvenir (voir p. 14).

3. Quelle transformation le narrateur note-t-il entre ces deux époques ? Quelle en est la raison ? Qu'est-ce qui demeure, en revanche ?

Le regard du narrateur

4. La description des lieux est-elle valorisante ou dépréciative ? Montrez-le en vous appuyant sur les expressions du texte. Relevez notamment les notations de couleur et de lumière.

5. Donnez des exemples de personnifications : quelle atmosphère contribuent-elles à créer ?
À quelles caractéristiques du lieu le narrateur est-il particulièrement sensible ? Justifiez votre réponse.

6. Par quels procédés,
– le narrateur ménage-t-il le suspense de la rencontre (l. 35 à 44) ?
– le narrateur rend-il le choc visuel de la rencontre (l. 44 à 47) ? Appuyez-vous sur la typographie, la ponctuation, le vocabulaire.

7. Relevez deux adjectifs qui caractérisent à la fois le vêtement et la jeune femme. En quoi les détails de l'habillement ajoutent-ils de la séduction au personnage ?

8. Relevez les mots appartenant au champ lexical du regard (l. 44 à 68) : de quel point de vue (selon quelle focalisation) la scène est-elle présentée ?

L'écriture de soi : les premiers émois

9. Montrez en citant le texte que la présence plus ou moins proche de la jeune femme modifie le comportement du narrateur.

10. Quels détails accentuent la sensualité de la jeune femme (l. 53 à 68) ? Quels sont les sens sollicités ?

11. Relevez les termes qui rendent sensibles le désir et le trouble du jeune garçon.

12. Quel sens donnez-vous à l'expression « Comme si la Vénus fût descendue de son piédestal et s'était mise à marcher » (l. 74 et 75, aidez-vous si nécessaire de la rubrique « Enquêter », p. 63) ?

13. Quelles expressions montrent que le narrateur fait l'expérience d'un sentiment inconnu ? Quelles caractéristiques donne-t-il à ce sentiment ? À quel moment le nomme-t-il de façon explicite ?

S'exprimer

14. Après avoir relu les lignes 30 à 68, réécrivez la scène du point de vue de la jeune femme en vous attachant à rendre ses sentiments (attendrissement, amusement, ironie, trouble...) à l'égard du jeune garçon et en donnant de l'importance au jeu des regards.

15. Vous avez rencontré une personne qui vous a ébloui(e) (vous pouvez choisir un personnage rencontré dans vos lectures ou dans un film). Décrivez-la dans le cadre où vous l'avez aperçue et analysez les sentiments que vous avez éprouvés.

Comparer

16. Trente ans plus tard, Flaubert transpose le souvenir de cette rencontre dans le premier chapitre de son roman *L'Éducation sentimentale*. Retrouvez ce passage, lisez-le avec attention et faites apparaître toutes les correspondances entre le récit autobiographique et le récit romanesque.

ANTOINE SYLVÈRE

Berceau de famille

Antoine Sylvère (1888-1963) est le fils de métayers très pauvres qui échappera à la vie misérable et humiliée des siens grâce à un insatiable appétit de savoir et une exceptionnelle volonté. Autodidacte, il deviendra instituteur, ingénieur, fondera une coopérative. Dans Toinou, *il raconte sa vie jusqu'à l'âge de vingt ans, dans le tiers-monde rural de la fin du XIXe siècle. «En ce temps-là, la France était le plus riche pays de la terre. Elle produisait trop de vin, trop de blé. Par milliards, les banques "pompaient" un excédent de ressources qu'elles dispersaient dans toute l'Europe et par-delà les océans.»*

Dès qu'elle m'eut mis au monde, ma mère se trouva pourvue d'une source temporaire de profits dont elle avait grand besoin. Devenue laitière sans perdre ses qualités de bête de somme, cette paysanne de vingt ans représentait une richesse que des informateurs bénévoles signalèrent sans délai. Après quelques marchandages, des bourgeois lyonnais s'en attribuèrent l'usufruit moyennant quelques écus par mois, et les seins maternels partirent vers la grande ville faire la joie d'une prétendue petite sœur dont je ne puis me rappeler le nom.

Pendant que ma mère nourrissait à Lyon, mon père faisait une campagne de scieur de long en Normandie, dans la forêt de Brotonne, avec une équipe de gars comme lui, solides, sans exigences et capables de travailler quinze heures par jour pour établir qu'ils n'étaient pas «feignants». L'entrepreneur y trouvait largement son compte et les grands hêtres s'abattaient, ouvrant des clairières plus ou moins meublées par les tas de rondins et les stères de bois de brûle. Pluie et neige n'arrêtaient point nos bûcherons dont les membres ne craignaient pas la rouille. Mon père y gagna toutefois une pleurésie[1] qui lui fournit par la suite de bons sujets de conversation...

---

1. Inflammation aiguë de la plèvre.

Ma mère, sans histoire, accomplit sa double mission et toucha des gages dont le montant paya la maladie de son seigneur et maître et assura le retour au pays. Comme dans toute équation bien posée, un zéro fut le terme de cette double spéculation[2], étant tenus pour négligeables l'engorgement chronique des poumons paternels et quarante années de petites misères, séquelles d'une maladie soignée une fois pour toutes et pour laquelle il ne serait plus question d'engager de nouveaux frais.

Voilà pourquoi je restai à Montsimon, chez mes grands-parents maternels, laissé aux soins de la Grande. Ainsi fut toujours appelée ma grand-mère, car notre famille s'embarrassait peu de mots inutiles. Le Grand, c'était le Galibardi[3]. Il avait gagné ce surnom en affichant une admiration marquée pour le commandant des Chemises Rouges[4], à l'issue de la guerre de 70 à laquelle il avait participé en qualité de franc-tireur. Avec la Grande, ils avaient eu quatre enfants qui auraient à se partager, plus tard, un bien constitué par deux vaches dont la vente ne produirait pas plus de dix-huit cents francs.

Selon divers témoignages, j'avais été un beau bébé, crasseux mais satisfait et pétant de santé grâce à la Jasse, la plus vieille des deux vaches promue nourrice, qui m'avait donné son lait.

La pièce où j'étais né s'appelait le Cabinet. Elle était juste assez grande pour contenir deux lits, à l'exclusion de tout autre meuble. Un passage de la largeur d'une coudée constituait au centre le seul passage disponible. Larges caisses de bois brut, bourrées de paille, ces couches rustiques étaient l'œuvre d'ancêtres depuis longtemps oubliés. Le jour pénétrait par une fenêtre carrée si étroite que je ne réussis jamais à la franchir. La vitre, chargée d'ans et de crasse, ne connaissait que le lavage des pluies chassées par la bise, si bien qu'on discernait à peine l'unique richesse artistique de ce réduit : l'image de première communion du Charles. Ce n'est qu'aux grands jours et après de longues instances que j'étais admis à la contemplation de

---

2. Opération financière ou commerciale en vue d'un bénéfice.
3. Déformation propre au langage populaire, de Garibaldi, homme politique italien (1807-1882).
4. Nom donné aux troupes de Garibaldi qui conquirent la Sicile et Naples en 1860.

cette bondieuserie[5], qui me présentait une théorie de communiants des deux sexes, pieusement séparés, encadrés par un portique ornementé de volutes. Le Charles me lisait les caractères imprimés en arc de cercle :

Précieux souvenir, si vous êtes fidèle.

Le Grand était né là et, soixante ans plus tôt, son propre Grand, le vieux Vincent, si fin braconnier qu'après sa mort on ne devait plus voir, de longtemps, un seul lièvre dans le pays. C'est lui qui avait transmis le plus ancien souvenir de l'histoire régionale, celui du pauvre Damien Mouhet, roué vif sur la place du Pontel, tandis que la foule à genoux récitait le chapelet.

J'ai souvent revu le vieux berceau aux parois trouées de losanges ; son poids interdisait de le libérer des deux crochets de fer qui le fixaient au plafond, au-dessus du lit de la Grande. On l'y trouverait sans doute encore, pourrissant sous les décombres de la chaumière si pauvre que nul amateur n'en offrit le moindre sou après l'abandon des propriétaires, déserteurs forcés d'un sol qui ne les nourrissait plus.

Il ressemblait, ce berceau, à un cercueil d'enfant, par la dureté de ses contours. Des générations successives y avaient goûté leurs premiers sommeils. Des gaillards de haute taille y avaient commencé leur vie qui, pour certains, s'était achevée sur les champs de bataille de la République et de l'Empire ou dans les rizières du Tonkin[6]. Des femmes vaillantes en étaient sorties pour travailler tôt et devenir mères de bonne heure. C'est tout ce que mes descendants auront à apprendre de cette lignée dont ne se détache que le nom du vieux Vincent, ancêtre glorieux, sabreur de Prussiens, tueur de lièvres et dépisteur de gendarmes. [...]

Je suis seul à prolonger le souvenir des hommes qui dormirent dans le berceau de hêtre. Le tonton Charles et mon frère Damien eurent à s'occuper sur les frontières de questions qu'ils ne cherchèrent pas à comprendre. Ils en moururent si complètement que jamais on ne put même récupérer leurs cadavres.

Antoine SYLVÈRE, *Toinou, le cri d'un enfant auvergnat*, Librairie Plon, 1980.

---

5. Objet de piété de mauvais goût.
6. Ancien nom du Viêt-nam.

Étudier un genre : l'autobiographie

L'autobiographie et l'Histoire

1. Quels personnages de sa famille le narrateur évoque-t-il au fil du texte ? Relevez les détails qui indiquent leur appartenance sociale. Quels sont leurs différents moyens de subsistance ?

2. Replacez les phrases suivantes dans l'ordre chronologique, puis distinguez les différentes époques évoquées :
a. « je restai à Montsimon chez mes grands-parents » (l. 27) ;
b. « avec la Grande, ils avaient eu quatre enfants » (l. 33) ;
c. « la foule à genoux récitait le chapelet » (l. 59 et 60) ;
d. « c'est tout ce que mes descendants auront à apprendre de cette lignée » (l. 73 et 74) ;
e. « je suis seul à prolonger le souvenir des hommes » (l. 77) ;
f. « le tonton Charles et mon frère Damien eurent à s'occuper… de questions qu'ils ne cherchèrent pas à comprendre » (l. 78 à 80).

3. Qu'est-ce qu'une « lignée » (l. 74) ? Par quelles expressions le narrateur évoque-t-il la sienne au fil du texte ?

4. À quels événements historiques est-il fait allusion ? Quel est leur point commun ? Quel sens donnez-vous aux lignes 78 à 80 ? Quel fait précis désignent-elles implicitement ?

La caractérisation des personnages

5. a. Relevez les groupes nominaux qui désignent la mère (premier paragraphe) et ceux qui désignent le père (second paragraphe) : quelle image des personnages contribuent-ils à donner ?
b. « Les seins maternels partirent vers la grande ville » (l. 7) : identifiez et analysez la figure de style. Quel effet produit-elle ?
c. Qui désignent les noms la Grande (l. 28) et le Grand (l. 30 et 55) ? Quel est l'effet produit par cette similitude de noms ? Citez une phrase du texte à l'appui de votre réponse.

L'écriture de soi : les enjeux de l'autobiographie

6. a. Quelles sont les conditions de travail et de vie des parents et des autres personnages ? Justifiez votre réponse avec des indices précis.
b. Quel est l'effet produit par la comparaison de la ligne 67 ? Montrez en citant le texte que ce rapprochement se poursuit jusqu'à la fin de l'extrait.

7. Ces pages sont les premières du livre : le narrateur fait-il un portrait précis de ses parents ? Quelle image d'eux retient-il ? Pourquoi ?

8. De quel point de vue les faits sont-ils présentés ? Quel est le ton adopté pour les rapporter ? Justifiez votre réponse. Quel jugement implicite le narrateur porte-t-il sur la vie des générations précédentes ?

9. Quel peut être l'enjeu de ce passage ?

S'exprimer

10. Quelles images de votre famille souhaiteriez-vous transmettre à vos descendants ? Dans un développement écrit ou au cours d'un échange oral en classe, évoquez des événements, des personnes, des lieux que vous connaissez ou dont on vous a parlé. Expliquez ce qu'ils représentent pour vous et pour quelles raisons vous aimeriez que les générations suivantes en gardent le souvenir.

Enquêter

11. Renseignez-vous sur le plus ancien souvenir de l'histoire de votre région ou de votre ville. Vous présenterez le résultat de vos recherches sous forme d'exposé ou de panneau illustré.

GEORGES PEREC

Je n'ai pas de souvenirs d'enfance

Membre de l'Oulipo, un groupe d'écrivains décidés à révolutionner le langage, Georges Perec (1936-1982) est surtout célèbre pour ses œuvres où il joue avec les lettres, les mots ou la construction du récit. Mais il a aussi écrit plusieurs textes autobiographiques dont W ou le souvenir d'enfance *où il tente de reconstituer une enfance qui, pour lui plus que pour tout autre, constitue un mystère.*

Je n'ai pas de souvenirs d'enfance. Jusqu'à ma douzième année à peu près, mon histoire tient en quelques lignes : j'ai perdu mon père à quatre ans, ma mère à six ; j'ai passé la guerre dans diverses pensions de Villard-de-Lans[1]. En 1945, la sœur de mon père et son mari m'adoptèrent.

Cette absence d'histoire m'a longtemps rassuré : sa sécheresse objective, son évidence apparente, son innocence, me protégeaient, mais de quoi me protégeaient-elles, sinon précisément de mon histoire, de mon histoire vécue, de mon histoire réelle, de mon histoire à moi qui, on peut le supposer, n'était ni sèche, ni objective, ni apparemment évidente, ni évidemment innocente ?

« Je n'ai pas de souvenirs d'enfance » : je posais cette affirmation avec assurance, avec presque une sorte de défi. L'on n'avait pas à m'interroger sur cette question. Elle n'était pas inscrite à mon programme. J'en étais dispensé : une autre histoire, la Grande, l'Histoire avec sa grande hache, avait déjà répondu à ma place : la guerre, les camps. [...]

---

1. Station climatique et de sports d'hiver près de Grenoble.

Je ne sais où se sont brisés les fils qui me rattachent à mon enfance. Comme tout le monde, ou presque, j'ai eu un père et une mère, un pot, un lit cage[2], un hochet, et plus tard une bicyclette que, paraît-il, je n'enfourchais jamais sans pousser des hurlements de terreur à la seule idée qu'on allait vouloir relever ou même enlever les deux petites roues adjacentes qui m'assuraient ma stabilité. Comme tout le monde, j'ai tout oublié de mes premières années d'existence.

Mon enfance fait partie de ces choses dont je sais que je ne sais pas grand-chose. Elle est derrière moi, pourtant, elle est le sol sur lequel j'ai grandi, elle m'a appartenu, quelle que soit ma ténacité à affirmer qu'elle ne m'appartient plus. J'ai longtemps cherché à détourner ou à masquer ces évidences, m'enfermant dans le statut inoffensif de l'orphelin, de l'inengendré, du fils de personne. Mais l'enfance n'est ni nostalgie, ni terreur, ni paradis perdu, ni Toison d'Or, mais peut-être horizon, point de départ, coordonnées à partir desquelles les axes de ma vie pourront trouver leur sens. Même si je n'ai pour étayer mes souvenirs improbables que le secours de photos jaunies, de témoignages rares et de documents dérisoires, je n'ai pas d'autre choix que d'évoquer ce que trop longtemps j'ai nommé l'irrévocable[3] ; ce qui fut, ce qui s'arrêta, ce qui fut clôturé : ce qui fut, sans doute, pour aujourd'hui ne plus être, mais ce qui fut aussi pour que je sois encore. [...]

Je suis né le samedi 7 mars 1936, vers neuf heures du soir, dans une maternité sise 19, rue de l'Atlas, à Paris, 19e arrondissement. C'est mon père, je crois, qui alla me déclarer à la mairie. Il me donna un unique prénom – Georges – et déclara que j'étais français. Lui-même et ma mère étaient Polonais. Mon père n'avait pas tout à fait vingt-sept ans, ma mère n'en avait pas vingt-trois. Ils étaient mariés depuis un an et demi. En dehors du fait qu'ils habitaient à quelques mètres l'un de l'autre, je ne sais pas exactement dans quelles circonstances ils s'étaient rencontrés. J'étais leur premier enfant. Ils en eurent un second, en 1938 ou 1939, une petite fille qu'ils prénommèrent Irène, mais qui ne vécut que quelques jours.

---

2. Lit pliant métallique.   **3.** Qui ne peut revenir, qu'on ne peut rappeler.

Longtemps j'ai cru que c'était le 7 mars 1936 qu'Hitler était entré en Pologne. Je me trompais, de date ou de pays, mais au fond ça n'avait pas une grande importance. Hitler était déjà au pouvoir et les camps fonctionnaient très bien. Ce n'était pas dans Varsovie qu'Hitler entrait, mais ça aurait très bien pu l'être, ou bien dans le couloir de Dantzig[4], ou bien en Autriche, ou en Sarre[5], ou en Tchécoslovaquie. Ce qui était sûr, c'est qu'avait déjà commencé une histoire qui, pour moi et tous les miens, allait bientôt devenir vitale, c'est-à-dire le plus souvent mortelle.

Georges PEREC, *W ou le souvenir d'enfance*, éd. Denoël, 1975.

Étudier un genre : l'autobiographie

L'autobiographie et l'Histoire

1. a. Combien de fois le mot « histoire » est-il prononcé ? Relevez les expansions de ce nom de la ligne 6 à 16 : à quelle double réalité ce mot renvoie-t-il ?
b. Comment comprenez-vous l'expression « l'Histoire avec sa grande hache » (l. 15 et 16) ? Expliquez le jeu de mots qu'elle contient.
2. Repérez les passages où l'auteur se lance dans le récit de son passé. Quels sont les temps employés ? Distinguez leurs différentes valeurs.

Un thème récurrent : l'enfance et les parents

3. Quels types de précisions le narrateur donne-t-il sur sa famille et sur lui-même ? Le récit vous paraît-il plutôt objectif ou plutôt subjectif ? Justifiez votre réponse.
4. a. Quelles informations implicites le narrateur apporte-t-il sur le sort de ses parents ? Justifiez votre réponse en citant des indices.
b. Relisez les lignes 50 et 51 : comment expliquez-vous la confusion commise ?
c. Quel sens donnez-vous à la dernière phrase de l'extrait ? Sur quelle figure de style cette phrase est-elle construite ?

---

4. Ancienne ville d'Allemagne, aujourd'hui polonaise (Gdansk).
5. Région d'Allemagne occidentale.

L'écriture de soi : les enjeux de l'autobiographie

5. a. En quoi la première phrase est-elle surprenante dans un récit autobiographique ? Relevez toutes les expressions qui montrent l'incertitude du narrateur sur son enfance.
b. Quelles explications apporte-t-il à cette absence de souvenirs ?
c. Quelles phrases présentent cette absence de souvenirs de façon positive ?

6. « L'enfance n'est... ni paradis perdu, ni Toison d'Or » (l. 30 et 31) : à quels mythes font allusion ces deux expressions ? Quelle image donnent-elles de l'enfance ?

7. a. Quels sont les deux points de vue sur l'enfance qui s'opposent dans le cinquième paragraphe ? Relevez les mots de liaison qui soulignent cette opposition. Quel jugement le narrateur porte-t-il sur l'enfance ?
b. Quels peuvent être les enjeux de ce récit autobiographique ?

Créer

8. Lisez la pièce de théâtre de Jean Anouilh, *Le Voyageur sans bagage*, qui traite du thème de l'amnésie. Apprenez-en un extrait avec vos camarades et jouez-le devant la classe.

S'exprimer

9. À la manière de Georges Perec dans le sixième paragraphe, écrivez un bref développement dans lequel vous évoquerez un épisode de votre vie en accumulant les données objectives.

Enquêter

10. De nombreuses œuvres autobiographiques ou inspirées de souvenirs personnels, en littérature ou au cinéma, évoquent des enfances blessées ou anéanties par la montée du nazisme : le *Journal* d'Anne Franck, *L'Ami retrouvé* de Fred Uhlman, *Au revoir, les enfants* de Louis Malle, etc. Choisissez l'une de ces œuvres et présentez-la à vos camarades en précisant quel a été le but de son auteur en l'écrivant ou en la réalisant.

NATHALIE SARRAUTE

Et à ce moment-là, c'est venu...

Nathalie Sarraute (1900-1999) est depuis longtemps un écrivain célèbre quand, à quatre-vingt-trois ans, elle entreprend dans Enfance *de faire surgir de sa mémoire « quelques moments, quelques mouvements encore intacts, assez forts pour se dégager de cette couche protectrice qui les conserve ». Le livre évoque les souvenirs d'une vie partagée entre son pays natal et la France, entre sa mère restée à Saint-Pétersbourg et son père exilé à Paris. Surtout il fait apparaître les difficultés auxquelles se heurte l'écrivain pour restituer les moments du passé dans leur authenticité.*

Pourquoi vouloir faire revivre cela, sans mots qui puissent parvenir à capter, à retenir ne serait-ce qu'encore quelques instants ce qui m'est arrivé... comme viennent aux petites bergères les visions célestes... mais ici aucune sainte apparition, pas de pieuse enfant...
5 J'étais assise, encore au Luxembourg, sur un banc du jardin anglais, entre mon père et la jeune femme qui m'avait fait danser dans la grande chambre claire de la rue Boissonade. Il y avait, posé sur le banc entre nous ou sur les genoux de l'un d'eux, un gros livre relié... il me semble que c'étaient les *Contes* d'Andersen.
10 Je venais d'en écouter un passage... je regardais les espaliers en fleurs le long du petit mur de briques roses, les arbres fleuris, la pelouse d'un vert étincelant jonchée de pâquerettes, de pétales blancs et roses, le ciel, bien sûr, était bleu, et l'air semblait vibrer légèrement... et à ce moment-là, c'est venu... quelque chose d'unique...
15 qui ne reviendra plus jamais de cette façon, une sensation d'une telle violence qu'encore maintenant, après tant de temps écoulé, quand, amoindrie, en partie effacée elle me revient, j'éprouve... mais quoi ?

quel mot peut s'en saisir ? pas le mot à tout dire : « bonheur », qui se présente le premier, non, pas lui... « félicité », « exaltation », sont trop laids, qu'ils n'y touchent pas... et « extase »... comme devant ce mot ce qui est là se rétracte... « Joie », oui, peut-être... ce petit mot modeste, tout simple, peut effleurer sans grand danger... mais il n'est pas capable de recueillir ce qui m'emplit, me déborde, s'épand, va se perdre, se fondre dans les briques roses, les espaliers en fleurs, la pelouse, les pétales roses et blancs, l'air qui vibre parcouru de tremblements à peine perceptibles, d'ondes... des ondes de vie, de vie tout court, quel autre mot ?... de vie à l'état pur, aucune menace sur elle, aucun mélange, elle atteint tout à coup l'intensité la plus grande qu'elle puisse jamais atteindre... jamais plus cette sorte d'intensité-là, pour rien, parce que c'est là, parce que je suis dans cela, dans le petit mur rose, les fleurs des espaliers, des arbres, la pelouse, l'air qui vibre... je suis en eux sans rien de plus, rien qui ne soit à eux, rien à moi.

Nathalie SARRAUTE, *Enfance*, éd. Gallimard, 1983.

Étudier un genre : l'autobiographie

Le souvenir d'un moment privilégié

1. Quel type de souvenir la narratrice désire-t-elle évoquer ? Quel pronom, quelles périphrases l'évoquent ? Sont-ils précis ? Pourquoi ?

2. a. Relevez les compléments de lieu dans le second paragraphe : quelle atmosphère contribuent-ils à créer ?

b. Quels autres éléments font de ce moment un instant privilégié ? Citez le texte.

c. Combien de passages sont consacrés à la description du décor ? Quel est le but de ces répétitions ?

3. Relevez les mots qui montrent le caractère exceptionnel de cette sensation. Expliquez la comparaison du premier paragraphe.

4. Analysez le rythme de la phrase (l. 22 à 33). En quoi s'efforce-t-il de suivre le développement de la sensation évoquée ?

L'écriture de soi : la difficulté d'écrire

5. Relevez une expression dans le premier paragraphe qui résume la difficulté à laquelle se heurte la narratrice. À quel moment évoque-t-elle à nouveau cette difficulté ?

6. Quels sont les différents mots que la narratrice envisage pour nommer ce qu'elle ressent ? Cherchez leur sens dans un dictionnaire et montrez ce qui les différencie. En trouve-t-elle un qui convienne ? Pourquoi ?

7. Comment les hésitations de l'écriture sont-elles rendues dans le texte ? Appuyez-vous sur le vocabulaire, la ponctuation, l'enchaînement des phrases…

8. En quoi les dernières lignes répondent-elles à la question posée dans le premier paragraphe ?

Enquêter

9. Faites des recherches sur l'œuvre de Nathalie Sarraute et sur le courant littéraire appelé « Nouveau Roman ». Vous présenterez le résultat de vos recherches sous forme de bref exposé.

S'exprimer

10. À la manière de Nathalie Sarraute, en vous efforçant de garder les hésitations et les interrogations du texte, écrivez un paragraphe où vous évoquerez une sensation particulièrement désagréable. Vous pourrez introduire la phrase par : « J'éprouve… mais quoi ? »

JEAN ROUAUD

Question mathématique

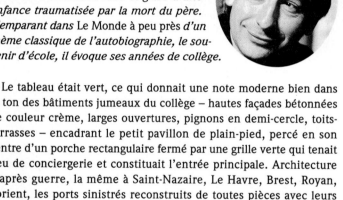

Prix Goncourt en 1990 pour son roman autobiographique Les Champs d'honneur, *Jean Rouaud (né en 1962) explore livre après livre l'étendue rose et grise d'une enfance traumatisée par la mort du père. S'emparant dans* Le Monde *à peu près d'un thème classique de l'autobiographie, le souvenir d'école, il évoque ses années de collège.*

Le tableau était vert, ce qui donnait une note moderne bien dans le ton des bâtiments jumeaux du collège – hautes façades bétonnées de couleur crème, larges ouvertures, pignons en demi-cercle, toits-terrasses – encadrant le petit pavillon de plain-pied, percé en son
5 centre d'un porche rectangulaire fermé par une grille verte qui tenait lieu de conciergerie et constituait l'entrée principale. Architecture d'après guerre, la même à Saint-Nazaire, Le Havre, Brest, Royan, Lorient, les ports sinistrés reconstruits de toutes pièces avec leurs avenues rectilignes où s'engouffre le vent. Saint-Cosmes, s'élevant
10 en bordure de mer, prenait ainsi des airs de villégiature[1] pour collégiens dorés. Ce qui nous empêchait de nous plaindre : difficile d'expliquer dans de telles conditions qu'à l'intérieur, des mentalités d'un autre siècle avaient survécu aux bombardements anglo-américains.

Le tableau noir a un côté obscurantiste, borné, manichéen, au lieu
15 que ce rectangle printanier accroché au mur près du bureau, au-dessus de l'estrade, semblait autoriser quelques libertés avec la loi, par exemple que la somme des angles d'un triangle fût plus ou moins

---

1. Séjour de repos.

égale à deux droits. Or c'est ce plus ou moins, cette indécision coupable, qui nous valait les pires humiliations. Si la réponse ne tombait pas, rapide et juste, s'engageait alors un jeu cruel où nous comprenions très vite qui faisait le chat et qui la souris. Pendant que la souris – moi, puisqu'il faut une victime –, apeurée, le front plissé, la craie en suspens, réfléchissait, s'ingéniant à empiler les angles fictifs d'un triangle démonté, tout en considérant qu'un angle étant plus ou moins grand, trois angles plus ou moins grands font un total plus ou moins grand, le chat – mais on pourrait l'appeler monsieur Fraslin – perdant patience, s'emparait d'un grand compas de bois à l'usage du tableau et, au lieu d'en remplacer la craie souvent usée, engoncée dans une pince métallique en cuivre cernée d'une bague coulissante, testait ostensiblement[2] du bout de l'index l'aigu de la pointe.

Cette fois pourtant il ne s'agissait pas de tracer un cercle, mais plutôt d'une question, de la question au sens où on l'entendait dans les geôles du Moyen Âge, c'est-à-dire que l'inquisiteur Fraslin –, un des rares civils de cette ménagerie en soutanes, longue mèche brune retombant sur le front qu'il rejetait en arrière d'un mouvement nerveux de la tête, regard en dessous, longiligne, osseux, pantalon tirebouchonnant sur les talons – sortait un briquet de sa poche, l'enflammait, en approchait la pointe du compas déployé, la chauffait minutieusement en la tournant et la retournant comme une broche, et, maintenant que les germes pathogènes[3] étaient anéantis, que tout risque d'infection était écarté, armé de cette lance aseptique[4] il s'amusait à piquer le bas du dos du mathématicien récalcitrant sans qu'on sût s'il sanctionnait son ignorance ou tentait de la sorte d'aiguillonner son esprit.

Opération moins douloureuse que gênante au vrai, mais vraiment gênante, sous les rires des semblables qui imaginaient ainsi se faire bien voir, échapper peut-être au prochain massacre – comme si leur tour ne viendrait pas. Les pensées de plus en plus embrouillées, entièrement tendues vers le prochain assaut, vous faisiez semblant de réfléchir en regardant à travers les larges fenêtres derrière lesquelles de

---

2. Visiblement, sans se cacher.   **3.** Porteurs de maladie.   **4.** Désinfectée.

grands oiseaux blancs aux ailes argentées planaient insouciants et libres, jouaient dans le vent, poussaient de petits cris excités, surfaient sur les courants d'air, s'élevaient à la faveur d'un flux ascendant, s'immobilisant soudain, plumes vibrantes en équilibre sur le fond bleu du ciel, puis, l'aile inclinée, partaient en glissade avant de disparaître du cadre de la fenêtre, laissant le grand ciel profond sans solution. Alors en dernier recours vous interrogiez du regard les camarades assis, les infortunés rieurs, tentant de lire sur les lèvres d'un omniscient[5] une ébauche de réponse, mais ils avaient trop peur eux aussi, et Gyf[6] sans doute ne devait pas savoir.

 À ce point d'abandon il n'y avait plus qu'à écrire sur le tableau un chiffre hasardeux, aussitôt désapprouvé par la pointe du compas. Pourquoi pas 1515 ? dit le picador[7], joignant le geste à la parole. Vous effacez précipitamment l'erreur à la brosse en feutre en soulevant un nuage de craie. Soudain, une éclaircie : si tout triangle est inscriptible dans un cercle, la somme de ses angles doit être inférieure à 360°. Ne pas se tromper en utilisant le signe d'inégalité – un V couché. Rappelez-vous : le plus petit mange le plus grand. Voilà qui est bien raisonné. Inattaquable ? Pas vraiment. La pique est si vive cette fois que vous en donnez de la tête contre le tableau. Hilarité générale. Et ça vous fait rire ? Tous les exercices de la page 127 à rendre pour demain. Bien fait, pensez-vous. Pas tout à fait. Pour vous, en plus, cent fois à recopier : la somme des angles d'un triangle est égale à deux droits.

Jean Rouaud, *Le Monde à peu près*, éd. de Minuit, 1996.

---

5. Qui sait tout.
6. Surnom d'un camarade du narrateur, un collégien indiscipliné qui ne craint pas les sanctions.
7. Cavalier, qui, dans les courses de taureaux, fatigue l'animal avec une pique.

Étudier un genre : l'autobiographie

La situation d'énonciation
1. Quels sont les trois pronoms qui désignent (ou qui incluent) tour à tour le narrateur ? Lequel est le plus employé ? Justifiez son emploi.
2. Quel est le temps dominant dans ce récit ? Quelle est sa valeur ?

Le souvenir d'école
3. a. Relevez au fil du texte les objets qui évoquent le monde de l'école.
b. En quoi le tableau noir est-il opposé au tableau vert ? Appuyez-vous sur les adjectifs qui les qualifient (l. 14 à 18), dont vous donnerez le sens. Que symbolise chacun des tableaux ?
4. a. Sur quel aspect du collège le narrateur insiste-t-il dans le premier paragraphe ? Citez le texte.
b. Quelle contradiction est mise en lumière (l. 9 à 13) ? En quoi la suite du récit confirme-t-elle cette contradiction ?
5. a. En vous aidant d'un dictionnaire, expliquez le jeu sur le mot « question » (l. 32 et 33). Quel terme dans la suite de la phrase poursuit l'analogie ?
b. Cherchez l'évolution de sens de l'adjectif « gênante » (l. 45) : en quoi le sens étymologique paraît-il le plus approprié au texte ?
c. Relevez dans les deuxième et quatrième paragraphes deux autres expressions métaphoriques désignant l'interrogation de mathématique.
6. a. Dans quelle situation se trouve le narrateur ? Justifiez votre réponse.
b. Qualifiez l'attitude de ses camarades de classe. Comment comprenez-vous l'expression « infortunés rieurs » (l. 58) ?
c. Par quelles expressions sont rendus les efforts et l'embarras du narrateur dans les deuxième et quatrième paragraphes ?

Les enjeux
6. Qui est désigné par l'expression « cette ménagerie en soutanes » (l. 34) ? Quel est l'effet produit ?
7. a. Quels détails physiques caractérisent le professeur ? Le portrait est-il valorisant ou dépréciatif ?
b. Relevez les images qui désignent le professeur et son instrument : quels aspects prennent-ils tour à tour ?
c. Analysez la métaphore filée à la fin du troisième paragraphe. Quel champ lexical introduit-elle ?
8. Quel peut être l'enjeu de ce passage ?

S'exprimer

9. En reprenant la forme d'énonciation du texte (récit à la deuxième personne du pluriel, emploi de l'imparfait), présentez une journée passée dans votre collège : vous vous efforcerez de susciter l'amusement ou la compassion du lecteur (ou l'un et l'autre) et vous veillerez à employer un grand nombre de métaphores et de comparaisons.

Enquêter

10. Faites des recherches sur les transformations de l'école en France du XIXe siècle à nos jours. Vous présenterez le résultat de vos recherches sous forme d'exposé.
11. De nombreuses photographies de Robert Doineau présentent des scènes de classe : recherchez quelques-uns de ces clichés et présentez-les à la classe en montrant ce qui en fait l'intérêt documentaire et esthétique.

PATRICK CHAMOISEAU

Aller seul

Né en 1953 en Martinique, Patrick Chamoiseau raconte ses souvenirs d'enfance à Fort-de-France dans deux livres autobiographiques, Antan d'enfance *et* Chemin d'école. *Il évoque dans cet extrait de* Chemin d'école *ses premiers pas hors de la maison familiale et du giron de Man Ninotte ainsi que son regard émerveillé sur le vaste monde. Pour faire revivre cette vie martiniquaise avec ses couleurs et ses sonorités, il crée une langue qui n'appartient qu'à lui, métisse de créole et de français, où l'on retrouve les tournures orales des conteurs de son enfance.*

Mes frères Ô, je voudrais vous dire : le négrillon commit l'erreur de réclamer l'école. Il faut dire, à sa décharge, qu'il avait depuis longtemps abandonné son activité de suceur de tété, et que, lancé dans l'infini de sa maison, il en avait pour ainsi dire épuisé les ressources.
5 Cet obscur conquistador prenait goût maintenant aux rebords des fenêtres. De là, il guettait les folies de la rue, suivait de yeux jaloux les autres négrillons en train de se promener sans manman ni papa. Il était premier à l'appel quand il fallait descendre à la boutique en quête d'une salaison manquante pour Man Ninotte, sa manman. On
10 le voyait alors, poitrine gonflée mais l'œil quand même inquiet, traverser la rue en mangouste furtive, risquer un regard audacieux dans les échoppes syriennes, et, sans pièce raison, une fois soustrait au regard de Man Ninotte penchée à la fenêtre, s'immobiliser blip! pour contempler la vie. Qui le voyait alors devait considérer une sorte
15 d'oisillon basculé d'une branche basse. Ses yeux écarquillés s'offraient

tellement pleins d'innocence inquiète qu'on le croyait frappé d'une idiotie congénitale. De bonnes âmes s'approchant lui disaient : *Eh bien mon ababa, qu'est-ce tu fais là ? Où est ta manman, dites donc ?!…* Et lui, d'un bond, se transformait en un fil de fumée qu'aucune vitesse n'aurait pu rejoindre. Il zigzaguait entre les passants, voltigeait des paniers de marchandes, donnait de la tête dans de gros bondas qui brimbalaient dans le chemin, pilait le bon orteil de quelque nègre à douleur, et déboulait dans la boutique plus dyspnéique[1] qu'un vieil accordéon.

Et terrifié aussi. […]

Revenant de la boutique, il ramenait la salaison comme un voleur, rasait les murs, ne regardait personne, d'autant plus affolé qu'il ne connaissait qu'un unique chemin pour rejoindre sa maison. Il n'avait pas tort : ses victimes dolentes[2] espéraient son retour. Telle marchande bousculée, dressée au même endroit, tentait de reconnaître l'isalop qui lui avait ranimé une vieille inflammation. Tel vieux-nègre endimanché, agitant une chaussure neuve au-dessus des passants, exhibait vengeur un orteil tuméfié[3]. Le négrillon n'avait d'autre choix que d'avancer à travers l'attroupement, aussi petit-petit qu'une petite fourmi, plus coulant cool qu'un vent coulis coulé, presque changé en sel à mesure qu'il pénétrait dans la zone en émoi où d'atroces représailles se voyaient annoncées. Par un heureux-bonheur, nul justicier n'établissait un quelconque rapport entre la fumée apocalyptique et le petit nègre livide affligé de tremblades.

Une aventure comme celle-là procurait au négrillon de quoi calculer durant trente-douze éternités. Il avait l'impression que ses victimes le traquaient encore : il lui fallait donc se serrer. Aucun de ses proches ne comprenait son peu d'empressement à regagner la rue, ni pourquoi il fuyait les abords de fenêtres. On le découvrait d'une gentillesse exquise. Tout calme. Sage comme pas un. Obéissant aussi. L'œil pièce-pas insolent. Man Ninotte, experte en tous ses vices, soupirait à haute voix : *Mais qu'est-ce que ce petit bonhomme-là a dû encore faire comme couillonnade, han doux Jésus ?…* Et, méfiante,

---

1. Qui respire avec difficulté. **2.** Plaintives. **3.** Enflé.

elle décomptait les allumettes, vérifiait la dame-jeanne[4] de pétrole, contrôlait ses pots de marmelade, cherchait dessous les lits quelque désastre silencieux, sans se douter que c'était au-dehors que la Bête désormais commençait à frapper.

Au-dehors... la rue... et plus loin que la rue... beau chant de l'horizon...: tout ça, c'était ses envies neuves. Les séances de cinéma et les promenades du dimanche au cours desquelles les Grands le traînaient par une aile ne lui convenaient plus. Il voulait *aller seul*. Mais aller où? En quel côté? Il n'avait nulle part où aller et personne au monde ne lui avait confié une commission d'errance. Les petites aventures de la rue, entre la boutique et la maison, s'étaient accumulées jusqu'à anesthésier les récoltes d'émois. Le négrillon ne sursautait plus quand sur la route de la boutique on lui demandait: *Mais où tu vas, mon fi?...* Il savait maintenant réduire ses craintes à une paupière fébrile ou à une sueur glacée. Rien ne le précipitait plus dans ces courses échevelées qui dans la rue François-Arago avait créé légende d'un zombi écorcheur de bobos. Il avait tenté de petites explorations, s'était aventuré plus loin que la boutique, avait approché seul les furies du marché-poissons quand les pêcheurs reviennent. Il avait même, en quelque jour d'expédition, observé l'émeute quotidienne de la Croix-Mission où les taxis-pays déversaient les hordes campagnardes. Il aurait pu aller plus loin encore. Mais c'était impossible: une loi de Man Ninotte pesait sur sa conscience. Lui, se sentait une âme de vagabond, mais Man Ninotte à chaque jour du bon Dieu maudissait cette engeance. *Épargnez-moi*, disait-elle à ses garçons, *épargnez-moi deux choses: que je vienne un jour vous rendre visite à la geôle, ou que je vous sache tombés en errance de chien-fer sans principe ni contrat... Pas de vagabonds chez moi, vous m'entendez, ces messieurs-là!?...*

Alors le négrillon demeurait à rancir dans l'espace désenchanté de sa maison.

Patrick CHAMOISEAU, *Chemin d'école*,
éd. Gallimard, 1994.

---

4. Sorte de bonbonne.

Étudier un genre : l'autobiographie

La situation d'énonciation

1. Relisez la première phrase du texte : quel pronom désigne l'adulte ? Quel nom et quel pronom désigne l'enfant ? Quel est l'effet produit par cette distinction ? Est-elle habituelle dans le récit autobiographique ? Justifiez votre réponse.

2. À qui le narrateur s'adresse-t-il au début du texte ?

3. Pourquoi certains passages sont-ils écrits en italique ? Quel est leur rôle ?

4. Relisez les lignes 1 à 9 et 58 à 65 : relevez des exemples de vocabulaire enfantin et de langage soutenu. Quel est l'effet créé par ce mélange de registres ?

L'écriture de soi : la découverte du monde

4. a. Quelles sont les aspirations de l'enfant ? Relevez au fil du texte, les phrases, les mots ou les signes de ponctuation qui font apparaître ses désirs.

b. Quel a été son premier espace de découverte ? Est-il toujours une source d'émerveillement ? Pourquoi ? Citez le texte.

c. Quel sens donnez-vous à l'expression « obscur conquistador » (l. 5) ? En quoi l'attitude du narrateur justifie-t-elle cette dénomination dans les lignes suivantes ? Quels autres mots développent le même thème (l. 65 à 73) ?

6. Relevez et analysez les métaphores qui caractérisent l'attitude de l'enfant (l. 8 à 39). Quel autre sentiment se mêle au plaisir de la découverte ?

7. Quel changement est visible chez l'enfant dans l'avant-dernier paragraphe de l'extrait ?

La visée

8. En quoi la présentation des faits est-elle humoristique (l. 26 à 52) ?

9. Quelle peut être la visée du passage ?

Étudier une technique d'écriture

Une langue recréée

10. Patrick Chamoiseau s'adresse à ses lecteurs comme un conteur à son auditoire : relevez toutes les marques d'oralité du texte.

11. Qu'est-ce qu'une «mangouste» (l. 11)? un «zombi» (l. 65)? Pourquoi ces mots ont-ils été choisis?

12. Quelles expressions sont des transcriptions littérales de la langue créole (l. 66 à 70)? Comment comprenez-vous le mot «pièce» (l. 12 et l. 46)?

13. Quelle est la particularité des mots «manman» (l. 7), «isalop» (l. 31), «han» (l. 48)?

14. En quoi les sonorités des mots «ababa» (l. 18) et «bonda» (l. 21) sont-elles particulièrement évocatrices? À quel autre moment le narrateur joue-t-il avec les sonorités des mots?

S'exprimer

15. Écrivez un court passage (restituant un moment de votre vie) en mêlant vocabulaire soutenu et mots appartenant à la langue populaire ou à une langue régionale dans le but de créer un effet de décalage comique. Lisez ensuite votre texte à voix haute devant vos camarades.

Enquêter

16. Étudiez l'évolution de sens du mot «nègre» dans la langue française. Qui a créé le mot «négritude»? Que signifie-t-il?

QUESTIONS DE SYNTHÈSE

Sur l'autobiographie

Le genre autobiographique

1. Qu'est-ce qu'une autobiographie ?

2. Qui est considéré comme le fondateur du genre autobiographique ? Pourquoi ? Quel est le nom de son œuvre ?

3. Qu'est-ce que le pacte autobiographique ?

4. Quels semblent être les différents enjeux du récit autobiographique pour Chateaubriand ? Et pour les auteurs présentés dans la deuxième partie ?

Narrateur et personnage

5. De quels événements douloureux certains extraits se font-ils l'écho ? En quoi ces expériences difficiles sont-elles déterminantes dans la construction de la personnalité du narrateur ?

6. Donnez des exemples de distance narrative et de décalage humoristique dans les *Mémoires d'outre-tombe* et dans les autres textes. Quels différents procédés sont utilisés pour créer un effet comique ?

La place du lecteur

7. Quel est pour vous, le texte le plus émouvant, le plus amusant ? Pourquoi ?

8. En quoi le récit de la vie d'un individu peut-il avoir un intérêt universel ?

9. Recherchez au C.D.I. d'autres exemples d'œuvres autobiographiques (titres et auteurs). Choisissez l'une d'entre elles que vous lirez et que vous présenterez ensuite à vos camarades dans un compte-rendu oral.

Index des rubriques

Étudier un genre : l'autobiographie

- L'analyse des sentiments 115
- L'autobiographie et l'Histoire 74, 81, 108, 139, 143
- La caractérisation des personnages 139
- La constitution de la personnalité 52
- Le discours narratif 115
- La distance humoristique 32
- La distance narrative 63, 95, 129
- L'écriture de soi 27, 38, 57, 62, 74, 81, 119, 134, 139, 144, 147, 156
- Les enjeux 15, 32, 119, 129, 151
- L'expression des sentiments 42
- Les lieux de l'enfance 26, 51
- Les occupations familiales 51
- Le pacte autobiographique 14
- Le personnage du père 52
- La puissance de l'imaginaire 63
- Le récit d'une expérience 108
- Le regard du narrateur 108, 134
- La situation d'énonciation 14, 26, 31, 119, 129, 151, 156
- Le souvenir et l'interférence des époques 41
- Les souvenirs d'enfance 31, 32, 146
- Le souvenir d'école 151
- Le temps de l'enfance 26
- Le temps de l'histoire et le temps de l'énonciation 69, 134
- Un thème récurrent : le portrait des proches 21, 52, 57, 143
- La visée 22, 156
- La voix narrative 69

Étudier une technique d'écriture

- Le dialogue fictif 81
- Le discours narratif 81
- Une langue recréée 156
- La prose poétique 52
- Le rythme ternaire 52

Étudier un genre : les mémoires 82

Enquêter

15, 22, 27, 39, 58, 63, 82, 95, 120, 130, 135, 140, 144, 147, 152, 157

S'exprimer

15, 22, 27, 32, 39, 53, 59, 63, 82, 89, 95, 103, 115, 120, 129, 135, 140, 144, 147, 152, 157

Étudier une image

- *L'Odalisque à l'esclave* de J.-A.- Ingres 64
- *Les Natchez* d'Eugène Delacroix 104
- Série d'autoportraits de J.-B. Chardin 124, 125

Comparer

- Biographie et autobiographie 16
- Flaubert et Chateaubriand 53

Se documenter

- Combourg 53
- La distance narrative 33
- Le « mal du siècle » 70
- Les mémoires 82
- La naissance de l'autobiographie 130
- Le phénomène de réminiscence 43
- Le rôle de la nature 59
- Le roman d'apprentissage 75
- Le thème de la tempête 89

Questions de synthèse

- *Les Mémoires d'outre-tombe* 122
- Sur l'autobiographie 158

Table des illustrations

2 g	Musée de Versailles ph © RMN
2 d	Paris, Musée Carnavalet ph © Lauros-Giraudon
11	Archives Hatier
13	Paris, Musée Carnavalet ph © Archives Hatier
16	Paris, Musée Carnavalet ph © J. L. Charmet
18	ph © B.N.F., Paris.
19	ph © B.N.F., Paris
22	ph © Archives Hatier
25	Lithographie de Cuvilliers ph © B.N.F., Paris
27	Dessin de Richard-Parkes Bonington (1801-1828) ph © B.N.F., Paris
35	Illustration pour les *Mémoires d'outre-tombe* ph © B.N.F., Paris
37	ph © B.N.F., Paris
41	ph © Archives Hatier
46	Lithographie d'Eugène Ciceri ph © Archives Hachette
58	ph © Archives Hachette
64	Baltimore, Walters Arts Gallery ph © Scala
66	Philippoteaux ph © Giraudon
68	Tony Johannot (1803-1852). Paris, Bibliothèque des Arts décoratifs ph © J. L. Charmet
73	ph © Archives Hatier
78	Dessin du XVIIIe siècle. Paris, Bibliothèque des Arts décoratifs ph © J. L. Charmet
80	Paris, Bibliothèque des Arts décoratifs ph © J. L. Charmet
83	J.-F. Carteaux (1751-1813). Musée de Versailles ph © RMN
90	H. Robert (1733-1808), *Le Naufrage* (détail). Collection Morland Aguen ph © Bulloz
99	ph © B.N.F., Paris
104	© Archives Hatier
106	Philippoteaux ph © Archives Hachette
112	ph © Archives Hatier
116	Charles-Louis Muller (1815-1892), Chateaubriand, sanguine. Paris, Musée du Louvre ph © RMN-Gérard Blot
123	Le Parmesan (1503-1540), Autoportrait dans un miroir convexe (1523-1524). Vienne, Kunsthistorisches Museum ph © AKG
124	Paris, Musée du Louvre ph © RMN-Michèle Bellot
125 h	Paris, Musée du Louvre ph © RMN-Berizzi
125 b	Paris, Musée du Louvre ph © RMN-Berizzi
126	Quentin de La Tour ph © Bulloz
131	Nadar ph © B.N.F., Paris
141	ph © James Andanson/ Corbis SYGMA
145	ph © Sophie Bassouls / Corbis SYGMA
148	ph © Sophie Bassouls/ SYGMA
153	Photo de Jacques Sassier © Gallimard

Édition: Gladys Verger-Baumann
Iconographie: Hatier Illustration, avec la collaboration d'Edith Garraud
Principe de maquette et de couverture: Tout pour plaire
Mise en page: ALINÉA

N° d'éditeur : 18559
Imprimé en France par Pollina 85400 Luçon - n° L82000D
Dépôt légal : novembre 2000